指文军鉴工作室　著

007

关原之战

台海出版社

图书在版编目（CIP）数据

日本军鉴007：关原之战 / 指文军鉴工作室著. --北京：台海出版社，2018.1
ISBN 978-7-5168-1705-6

Ⅰ. ①日… Ⅱ. ①指… Ⅲ. ①战争史-日本-战国时代(日本) Ⅳ. ①E313.9

中国版本图书馆CIP数据核字(2017)第312093号

日本·军鉴.7，关原之战

著　　者：指文军鉴工作室

责任编辑：戴　晨　　装帧设计：指文文化
版式设计：周　杰　　责任印制：蔡　旭

出版发行：台海出版社
地　　址：北京市东城区景山东街20号　　邮政编码：100009
电　　话：010-64041652（发行，邮购）
传　　真：010-84045799（总编室）
网　　址：www.taimeng.org.cn/thcbs/default.htm
E-mail：thcbs@126.com

经　　销：全国各地新华书店
印　　刷：重庆大美印刷有限公司
本书如有破损、缺页、装订错误，请与本社联系调换

开　　本：787mm×1092mm　　1/16
字　　数：193千字　　印　　张：11.5
版　　次：2021年1月第3版　　印　　次：2021年1月第1次印刷
书　　号：ISBN 978-7-5168-1705-6

定　　价：79.80元

卷首语

2017年8月26日电影《关原之战》在日本公映，此片改编自著名历史小说家司马辽太郎的同名小说，由原田真人执导，冈田准一（石田三成）主演，役所广司（德川家康）、有村架纯等出演。首映时观众达31万2431人次，票房收入3亿9587万日元。此片毫无疑问是日本近年来少有的历史题材大制作，对于过往《天与地》《影武者》等近似题材影片的爱好者们来说绝对不容错过。当然，本工作室的成员们也是绝对不会错过这部影片的，并且在获悉影片即将公映后，立即着手写作有关关原之战的深入分析文章，由此而成今日读者手中这本精品历史MOOK《日本·军鉴：关原之战》。

关原之战是日本历史上具有极其重要地位的历史事件。这场大战表面上是丰臣政权之下的大名将领在其死后因权力分配的冲突而导致的，但其实质是关于日本未来两条路线之间的较量。丰臣政权定都于大坂这座倚靠海港的城市，绵长的海上航道从堺市通过濑户内海，一直延伸到朝鲜半岛与中土大明，并向南扩展至东南亚。而德川政权经营于江户，其面前的大洋（当时未知其国际通用名称“太平洋”）在日本人的概念中直达世界边缘、空无一物，江户根基在于其所立足的日本最大沃野——关东平原。进入德川幕府时代之后，江户也发展成为人口众多、经济文化非常发达的都市，但它显然不能够被称之为“国际化都市”。其街道上几乎没有外国商品，且极少有外国人出入，好不容易来一次“朝鲜通信使”访问团都会得到幕府给予国王般的隆重接待。如果关原之战是石田三成集团获胜了，显而易见不会出现如此局面。但是另一方面，日本对外交流的渴望同时也伴随着对外侵略的野心，对朝鲜、大明国的倭寇潮流最终演化为丰臣军团两次大举入侵，而德川政权治下的200余年虽然闭关锁国，但在当时被称为世界上最好和平之国。

决定日本命运的这场关原大战，事实上是1600年夏季从北方出羽至南方九州，几乎全覆盖日本之范围内发生的一系列军事冲突，但是其主战场毫无疑问是庆长五年9月15日（1600年10月21日）关原所发生的决战，并且由这一场只持续了数小时、却分外激烈的决战决定了所有冲突的胜负结局。如果说二战时期日本海军在中途岛战役中所谓“命运的5分钟”只不过是后人不甘心的杜撰之说，那么关原决战的“命运一日”却是当之无愧。无论在前期战略策划不足，还是中途战略执行失误，石田三成集团终究还是率领一支大军来到了决战战场上，在这血肉横飞的一日中他眼前确曾有过几分胜利的曙光。这场决战的具体情形究竟如何？流传至今的历史定说中有哪些需要重新检讨？胜败双方大战之前的决策与之后的命运如何？

我们通过这一辑《关原之战》的创作，从国内最专业的角度尝试解答了以上问题。敬请欣赏以下5篇文章：《关原败者组的决策》《小谈关原之战中德川家康的制胜之因》《关原之战后日本的政治格局分析》《关原幕后：两个女人的战场》《中、朝史料中的“关原之战”和西方作家笔下的〈幕府将军〉》。

日本军鉴工作室主编 潘越

2017年12月

宇喜多秀家阵
4
5
山内一丰阵
藤堂高虎阵
1 岛左近
3 石田三成阵
4 大谷吉继
5 小早川秀秋队

2 德川家康阵

6 福岛正则

7 井伊直政

东西军布阵图

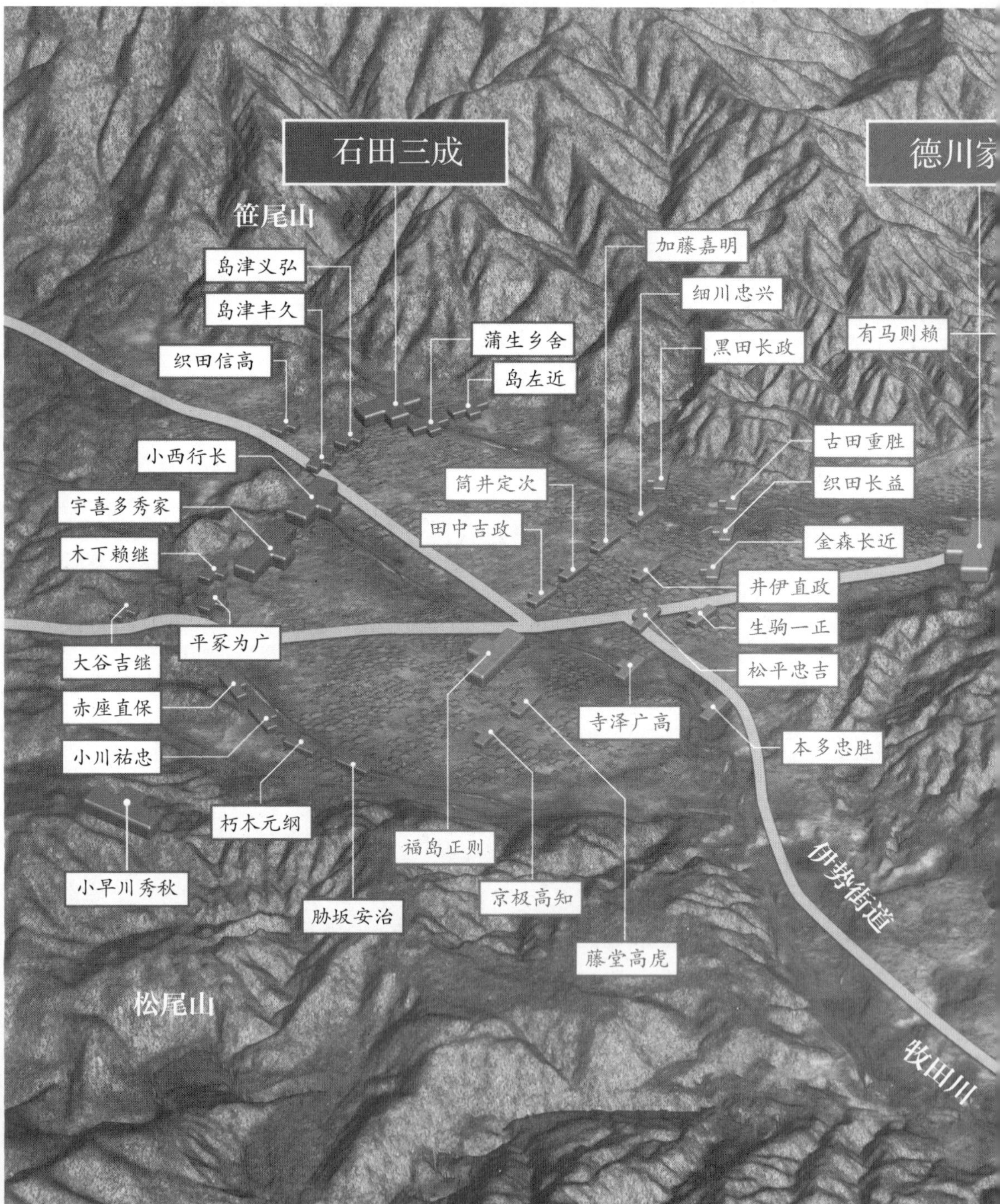

石田三成
德川家
笹尾山
岛津义弘
岛津丰久
织田信高
蒲生乡舍
岛左近
加藤嘉明
细川忠兴
黑田长政
有马则赖
小西行长
宇喜多秀家
木下赖继
古田重胜
织田长益
筒井定次
田中吉政
金森长近
井伊直政
生驹一正
松平忠吉
平冢为广
大谷吉继
赤座直保
小川祐忠
寺泽广高
本多忠胜
朽木元纲
福岛正则
小早川秀秋
京极高知
胁坂安治
藤堂高虎
伊势街道
松尾山
牧田川

蜂须贺至镇
山内一丰
浅野幸长
池田辉政
樽川
中山道
吉川广家
配山
毛利秀元
长束正家
安国寺惠琼
南宫山
长宗我部盛亲

目录
CONT ENTS

关原败者组的决策

作者/潘越

丰臣秀吉的身后事

太阁丰臣秀吉统治极盛之时，某日在大坂城内发生了一件看似不起眼的小事：佐佐成政向丰臣秀吉的正室夫人北政所（即宁宁）赠送了一朵相当罕见的黑百合花。佐佐成政是跟随织田信长起兵的老将，与北政所早就相识，送一朵花似乎很平常，可这朵黑百合背后蕴藏了一个故事。

据说佐佐成政早年有一位侧室夫人，名为早百合，佐佐成政娶了她之后非常宠爱，不久便有了身孕。但此时有人出于嫉妒心理开始散布谣言，说有时

▲位于富山县富山市（古时越中国）矶部町的“矶部一本榎”遗迹，传说就是在此树下佐佐成政残忍杀死了早百合。

◀佐佐成政。

候佐佐成政不在家时（这个家指的是佐佐成政打败神保长住之后所占据的富山城），早百合就会与其他男人私通，所以其腹中儿必定不是佐佐成政的骨肉。佐佐成政回家听说之后顿时怒火中烧，不由分说便将早百合拉到神通川的河岸边，抓住她的头发将她整个人拎起在半空然后杀死了，之后又将早百合一家老小十八人全部斩首。早百合在临死前诅咒道："立山上有黑百合花盛开时，佐佐家便会灭亡。"从此以后，神通川河边在风雨之夜便可见女鬼之首与鬼火一起飞舞。总而言之，佐佐成政因为嫉妒心杀了小妾连同其一家人，这是有可能的事，但将佐佐成政最后被丰臣秀吉勒令切腹（1588年）之结局与这个故事通过诅咒联系在一起，实属荒诞无稽。或许这个故事根本没有发生过，只不过佐佐成政喜欢百合花，所以将珍稀的黑百合进献于北政所，不料惹出另一件麻烦事。因此，世人总爱把佐佐成政的命运同这一朵黑百合花联系在一起。

北政所得到这枝黑百合花之后非常喜爱，曾专门举办茶会，邀请丰臣秀吉的妾室都来欣赏这朵黑百合。邀请者中，自然也包括丰臣秀吉此时最宠爱的淀夫人，北政所此举自然也有些炫耀的意思。过了3日，北政所突然收到淀夫人的茶会邀请，等到会一看，只见其屋内到处都散乱着的黑百合花枝，数不胜数。淀夫人为了从气势上压倒北政所，竟命人花了两天时间不惜代价将所有能够弄到手的黑百合都弄过来了，一时气焰嚣张。

淀夫人茶茶，是浅井长政与织田信长之妹阿市的女儿，7岁时其母与继父柴田胜家一同自尽，从此受杀母仇人丰臣秀吉的保护。就在佐佐成政被勒令切腹的同一年（1588年），淀夫人为丰臣秀吉生下一个儿子阿弃（鹤松），当时丰臣秀吉已经52岁，自然是欣喜若狂。虽然3年之后鹤松因病早夭，但淀夫人证明了她是有能力与已步入老年的丰臣秀吉之间产生"爱的结晶"的。其实丰臣秀吉曾经在做长滨城主的时候，便与侧室南夫人生下过一儿一女，男孩小名石松丸（初代秀胜），不过未及成年便夭折了。南夫人后来的境遇想必很糟糕，因为史书上再也找不到有关南夫人和她与丰臣秀吉的女儿的相关记载。为了不重蹈南夫人的覆辙，淀夫人必须得再产子。她于1593年又生下一个儿子阿拾，即丰臣秀吉的接班人丰臣秀赖。不过，坊间关于丰臣秀赖身世的传说也不绝于耳。大都认为肥胖的丰臣秀赖与瘦小的丰臣秀吉不太相像，纷纷质疑其父另有他人。但依着丰臣秀吉的本性，淀夫人是不敢冒险做出有辱家门的事情的。因此，这些流言皆不可信。

对丰臣秀吉来说，喜得爱子的时间实在是太晚了，现如今已是风烛残年；这一点任何处于丰臣政权高层的人都看得出来，于是争夺丰臣秀吉死后权力的战争便如火如荼地开始了。北政所是与丰臣秀吉共同度过几十年风雨的老夫老妻，直到晚年，丰臣秀吉写给她的信仍然充满着浓情蜜意。淀夫人虽然不是正室，但继承人独由己出，因此获赠一座淀城也算风光无限，丰臣秀吉写给她的信中曾出现“今晚请同睡”等亲密语句，可见宠爱其至深。两个年龄差距较大（年龄相差19岁）的女人之间是否存在争风吃醋的行为也不得而知，虽前有斗黑百合事件，但其真实性还有待考证。

如果站在丰臣秀吉本人的立场上看，身边两个女人争风吃醋并不算什么大事。早年因为无子而收过养子，结果老来却得到亲生子，因此关于养子的处理才是比较棘手的问题。在丰臣秀赖出生之前，丰臣秀吉一共收养了6名养子：第一位是织田信长的第四子御次秀胜（羽柴秀胜），不过未满20岁便病死了（1885年）；第二位即后来的“杀生关白”丰臣秀次；第三位是秀次的弟弟小吉秀胜，1592年战死于朝鲜；第四位是宇喜多秀家，不过从一开始丰臣秀吉收养他便是以继承宇喜多家为目的的；第五位是德川家康的次男结城秀康，在鹤松出生之后便送去结城家做养子；第六位是北政所的哥哥木下家定的第五子秀

淀夫人，原名浅井茶茶，通过画像也可看出风姿绰约。

俊，在鹤松出生之后也被送去小早川家了，并改名小早川秀秋。丰臣秀吉似乎还曾想要模仿织田信长，将后阳成天皇的弟弟八条宫智仁亲王收为养子，从而成为皇室外戚，但这件事没有成功。

从鹤松出生后，秀康、秀俊便连忙被送出去来看，丰臣秀吉对于排除亲生儿子的竞争者是毫不犹豫的。结果，鹤松不幸夭折之后便只剩秀次可以继承其位，而秀次在之后确实得到了关白之位，丰臣秀吉此举等于是向天下宣告继承人就是秀次。然而淀夫人又生下了丰臣秀赖，此时丰臣秀吉已经57岁了，这个时机略显尴尬。壮年时代都没能多生子孙，现在临到老来连续发生两次“奇迹”，但不可能再有第三次了，这个纪录最终由德川家康打破——1600年，德川家康以59岁高龄生下第九子义直，1602年生赖宣，最后于1603年生赖房，此时已达62岁高龄。

而丰臣家此时的状况再度陷入窘境，秀次不单单被宣布为继承人，而且已经担当关白，此时的秀次身居高位，虽不及太阁丰臣秀吉，但也不是随便冠以借口就可以让其卸任的。这是太阁和关白之间的斗争，虽然以二人的情谊来看，或许都不愿以彼此为敌，但两位位高权重的人之间的斗争在所难免，且必定损伤极大，因此快速解决才是上策。当然，以两人实际的权势以及能力而言，秀次的败北是毫无悬念的，这与他是“杀生关白”还是“善人关白”并没有什么关系。1595年7月，关白秀次切腹自尽。作为继承人竞争者的秀次消失，两岁多的阿拾（丰臣秀赖）正在茁壮成长，且没有夭折的迹象，其教育职责被委托给丰臣秀吉最信任的前田利家。丰臣家的这次内部危机历时短暂，然而日军在半岛上的泥潭里却越陷越深。

丰臣秀吉自1592年发动第一次侵略朝鲜战争（文禄之役），很快就在明朝联军以及各地抗日义军的打击下呈现败势，双方自1593年中以来大体上便进入停战状态，进行谈判。日军如果能够就此撤出朝鲜，那么总体来说这次出征的损失并不算大，丰臣秀吉还可以将精力用在国内经济的复苏、政治体制的稳定上。然而出乎意料的是，德川家康仅在几年后就拥有了发动可以决定天下大势的决战机会，进一步动摇了丰臣政权的根基。

出兵之前，丰臣秀吉曾在写给秀次的信中这样描绘其蓝图：征服朝鲜之后再征服明帝国，将后阳成天皇移至北京称皇，给予皇室比今日多十倍的领地；秀次当明帝国的关白，日本的关白由羽柴秀保（秀次的第二个弟弟）或者宇喜多秀家担任；日本的皇位则交给若宫良仁亲王或者八条宫智仁亲王；朝鲜分配给织田信秀或者宇喜多秀家（如果他不当日本关白的话）。丰臣秀吉的这通狂想，就算是被关在金鸟笼里的天皇也相当不赞成，在发给丰臣秀吉的诏书中一开头便强调

《太平记英勇传》中落合芳几所画的丰臣秀次人物像。

江户城，即今日东京最早的奠基者太田道灌的画像。

“高丽国路险、波涛”。入侵朝鲜一旦丧失迅速决胜的希望，任何明智的战略家都应该明了赶快撤兵减少损失才是最优的选择。而丰臣秀吉一生征战四方，却连如此战略眼光都没有培养出来，不可不谓愚钝。

丰臣秀吉为何如此愚钝？数百年来，世人皆钦佩丰臣秀吉从信长手下一个伺候穿鞋的小厮成长为关白，太阁，天下人，而忽视丰臣秀吉这一生挫折太少。他是个非常努力的人，但当时全日本成年累月厮杀的武士都在努力，流血流汗到最后仍家破身亡者不计其数，而丰臣秀吉的每一次努力却都幸运地得到了超乎寻常的回报，以至于令他产生了天下事无不可为的错觉。然而事实上，丰臣秀吉并不是真正的战略谋划者。他在织田信长手下便一直服从于信长的战略布局，信长死后不过数日便打败了明智光秀，一举成为信长身后诸将中实力最强者，并借此实力一步步夺下“天下人”之位。相比而言，织田信长和德川家康都是从地方小大名慢慢成长起来的，挫折教育是足够的。德川家康甚至曾被武田信玄打得大败亏输，仅以身免（三方原之战），在织田信长被刺杀后长途亡命，任何有过如此经历的人，在做任何重大决定前必将三思而后行。这一点较之相对人生平坦的丰臣秀吉是没办法达到的。

移封关东的德川家康是丰臣政权中的五大老笔头之首，石高250万左右，对这个具体数字虽然有各种说法，但德川家是领地最广大的大大名是毫无疑问的。第二位的毛利辉元只有120万石。以1000石动员25名士兵计算，德川家的军队数可达63750人。对于德川家康来说比较危险的在于其移住的江户城（今东京都千代田区）不过是一座小城，与当年太田道灌刚修筑时（1457年）也没有太大的变化。根据《落穗集》的记载，关原大战前的江户城下町仍然是用粗陋的木板搭建起来的一片临时房屋，几乎没有防御设施，只有一条护城河但狭窄到成年人可以轻松跳过去。这座城的防御能力比当年的小田原城都要低很多，更不用说与战国时代城池之首丰臣秀吉的大坂城相比了。

如果1595年之后的一段时期内，丰臣秀吉能够保持理智从朝鲜撤兵，将眼光放在日本国内，注意到德川家康对于丰臣政权的潜在威胁性并出手打击，那么“关原合战”很可能会以一种完全不同的面貌出现。这场大战的发生地点很可能是在关东平原的某处，也可能就是在江户城下。丰臣军团最可能采取的战略便如同当年进攻小田原后北条家一般，动员起数量极其庞大的军队分成多路攻击，对于德川军来说这必定是极难应对的局面。

德川家康曾在小牧·长久手之战中证明过自己高于丰臣秀吉的战场指挥能力，但最终迫于某些不得已的原因臣服于丰臣秀吉，并接受转封关东。当年丰臣秀吉需要让德川家康臣服以便尽快成为天下共主。入侵朝鲜的文禄之役如果作为丰臣家实施国家总动员体制的一次预演（虽然消耗成本很高昂），然后利用此动员消灭德川家及其他带有威胁性的家族，那么便有可能建立起与日后德川幕府类似的体制——以亲藩大名占据日本中部的较为优越的广大地带，而有威胁性的外样大名转封至偏远地区并削弱其实力至不能反抗的地步，从而稳固全国形势。然而丰臣秀吉的战略决策完全相反。

德川家康坐拥关东八州，兵多将广，但对于丰臣秀吉出兵朝鲜采取完全不配合的态度。据说德川家康身边的老谋士本多正信曾在丰臣秀吉催促德川家康出兵的使者到来之后，向德川家康进言道：“主公应该出兵朝鲜。”连说了三次，德川家康才懒洋洋地回答：“要是出兵朝鲜，箱根由谁守卫？”德川家康显然认为如果渡海去朝鲜，作为关东门户的箱根就有被进攻的危险。被谁进攻？只能是丰臣秀吉的军队！也就是说在德川家康看来，丰臣秀吉催促他出兵朝鲜的目的无非就是要趁机夺取其关东封地。

丰臣秀吉于是修筑了九州名护屋城作为侵略朝鲜的基地，并发出要亲自渡海去征服朝鲜的宣言。见此情况，德川家康不得不也率领军队来到名护屋城，但他联合了前田利家，一同劝谏丰臣秀吉不要渡海。由于没有充足的信心保证只要亲自登陆朝鲜就能打开局面，丰臣秀吉不得不接受劝谏。如此一来，德川军渡海之事也就随之作罢。

有关丰臣军侵朝战争中蔚山围城战的画作。

日本在中朝联军的合力打击下，很快受到重创，丰臣秀吉得知己军受挫，军中粮饷不足且疾病流行，便假意与中国议和，以诱使明朝撤兵。谈判一直持续到1596年9月，最终因日本的无理要求导致和议破裂。而丰臣秀吉认为此时日军早已有能力再战，遂调集14万日军发动第二次侵朝战役，史称“庆长之役”。日军一度取得战场优势，在南原城全歼了3千余守军，不过朝鲜方面的李舜臣作为水军统帅复出，接着取得鸣梁海战胜利，稳定了战场形势。1597年末，明、朝联军开始围攻蔚山城，这场战斗双方损失惨重。日军方面最不利的因素是：两个方面军的主要将领小西行长和加藤清正互相视为仇敌，小西行长认为这场仗没有办法进行下去了，而加藤清正则仍豪言要进军北京。结果加藤清正在蔚山遭到围攻，几乎全军覆没。

1598年初，侵朝日军的右路方面军统帅毛利秀元提出放弃蔚山、顺天两城，以收缩战线节约兵力，然而丰臣秀吉对此极不赞同，并痛斥秀元及诸将实乃胆小鬼，将此提议驳回。由于战局实在不利，宇喜多秀家、毛利秀元、蜂须贺家政数日之后联名写信向石田三成等四奉行表示即将放弃蔚山城，向其他防御城池移动。对于这个直接违反军令的行动，丰臣秀吉不得不在“强化防御体系”的名义下部分予以接受。

直到此时，丰臣秀吉在侵朝决策问题上的一错再错，都还保留有部分挽回的余地，不至于对其死后的丰臣政权体制造成无法弥合的伤害。战争末期，日军收缩于朝鲜半岛南端的多座城防中，处于被动挨打的境地，海上交通线也面临着朝鲜水军的巨大威胁，然而重病缠身的丰臣秀吉对这一切现实均看不清楚。福原长尧、垣见一直、熊谷直盛等人被任命为新“目付”（监督汇报者）去往朝鲜观察后回国，将诸位将领并没有严格遵照丰臣秀吉指示行事——这些指示已经脱离军事指挥的现实范围——原原本本进行了汇报。于是丰臣秀吉彻底愤怒了，给予蜂须贺家政、黑田长政、藤堂高虎、加藤清正，以及先前担当目付职责的早川长政、竹中重隆、毛利高政以警告处分。

这些受丰臣秀吉恩顾的武将虽然遭到处分，但毕竟是丰臣秀吉一手栽培起来的，也未多加责罚，只好把余下的怒火发到打小报告的奉行身上。于是，丰臣政权中诸将的矛盾被大大激化。后世一般如此区分丰臣政权此时形成的两大对抗阵营：

北政所派——武将派：前田利家，浅野长政、幸长父子，黑田如水、长政父子，加藤清正，福岛正则，加藤嘉明，池田辉政。

淀夫人派——文官派：石田三成，增田长盛，大谷吉继，小西行长，宇喜多秀家，毛利辉元，上杉景胜，长束正家，岛津义弘。

所谓武将派、文官派的划分，仅仅是因为前一个阵营前往朝鲜作战者更多一些，后一个阵营留在日本处理政务者更多一些（例如石田三成、长束正家等人负责实施的“太阁检地”），然而后一个阵营中也有小西行长、宇喜多秀家、岛津义弘等。丰臣秀吉在3月实施的武将警告处分名单与武官派颇有联系。最严重的是黑田长政，不但被丰臣秀吉大骂了一通，而且他与蜂须贺家政的一部分领地被没收，成为丰臣秀吉的直属地，目付福原长尧则得到了加封。当然，这次处分只能作为丰臣政权裂痕的一个象征性事件，并不是决定性的。其中加藤嘉明没有在朝鲜诸将写给四奉行的信上署名，因此从丰臣秀吉直属地中得到37000石高的奖赏，一举成为超过10万石的大名，然而他日后却与加藤清正等站在一起成为武将派一员，其原因是与小西行长之间的矛盾。

丰臣秀吉在3月怒火攻心地做出这次处分，此后便基本处于病重弥留状态，直到8月逝世。接着，以德川家康、前田利家为首的五大老出面主持大局，他们先隐瞒丰臣秀吉死讯，随即组织朝鲜诸将撤兵，诸将在博多登陆之后才得知丰臣秀吉已死，不禁哑然。此时距离关原之战爆发已不足两年。关原之战，最大的失败者不是石田三成、淀夫人等，而是在临死前数年时间内埋头于对外侵略，生命最后时刻还为自己的政权留下隐患的丰臣秀吉。

虽然互相比较可能会有些荒谬，不过笔者觉得在日本战国之前接近2000年前、西方的亚历山大大帝突然死亡一事也值得一提。马其顿国王亚历山大从公元前330年进军波斯，至327年便建立起西起马其顿、东至印度的大帝国，325年从印度返回后健康状况便有些恶化，323年初夏病倒，接近昏迷10天之后，6月10日在其33岁生日之前去世。临死之前麾下的众将军们环绕着他询问：帝国由谁继承？亚历山大的回答是："交给克拉提斯托（kratisto）"，这个单词的意思是"最强者"。

亚历山大大帝在弥留之际心里是很明白的，从他嘴里说出任何一个继承人的名字，无论是这些将军中某人、他自己的某个亲戚，或者是正妻罗克珊娜肚子里的胎儿——出生后称亚历山大四世，13岁时被杀死——都是没什么用的。仅用十余年东征西战便建立起来的庞大帝国还没来得及建立稳定的秩序，必将在其死后分崩离析，陷入空前的战乱（后世称"继承人战争"）。如果能有一

日本京都丰国神社的拜殿。大坂冬、夏之战消灭丰臣家后，德川家康将此神社拆毁。直到明治时代，当年黑田如水、长政的子孙黑田长成带头出资，将丰国神社重建。

个人将帝国碎片重新聚拢起来，那么他必将是“最强者”，然这一切只能交给铁与血去决定了。

丰臣秀吉死前如何呢？他抱着年幼的丰臣秀赖，无力地乞求五大老承担起托孤之责，而五大老包括作为笔头的德川家康，当然也郑重承诺绝不辜负太阁所托。然而丰臣秀吉当真看不出来丰臣秀赖成年之前天下大乱、丰臣政权垮台的可能性有多高吗？这点连明朝人都看得一清二楚，明臣杨镐曾在写给丰臣秀吉的信中劝道：“汝已六十余岁，生命还有几多？子未满十龄，孤弱而不可恃。据闻各地之酋皆窥汝之隙，将出复仇报怨之举。”

2016年大河剧《真田丸》中，丰臣秀吉临死之前死死抱住石田三成，在其耳旁偷偷下令道：“杀掉家康！”很多史籍上记载石田三成在丰臣秀吉死后不久便策划刺杀德川家康，《真田丸》中对此事也有所表现（不过这部剧比较戏剧的是石田三成居然去拜托纯粹是外人的真田昌幸去刺杀）。无论如何，即使丰臣秀吉在临死前确曾下过刺杀德川家康的密令，如此密令也只能说明他对于自身决策彻底失败所造成的严重后果绝望透顶。

丰臣秀吉是作为一个失败者死去的。失败的高潮便是关原合战。

挑拨离间与明争暗斗

丰臣秀吉撒手人寰没过几天，世间便到处有流言说有人想要刺杀德川家康。

1599年1月初，根据丰臣秀吉的遗言，其后事的总负责人前田利家护送丰臣秀赖进入大坂城，以德川家康为首的诸将作为警卫随行，一路上各大名交替负责护卫巡逻事宜。因为德川家康在大坂附近并没有修建宅邸，因此借片桐贞隆的宅邸居住，此人是片桐且元的弟弟。据说，德川家康就在这个宅邸中得到情报，有人要暗杀他，而这个人很可能是石田三成。此时正是石田三成与德川家康之间就德川家康擅自与其他大名结亲而针锋相对的时期，这个暗杀流言让德川家康很惊恐，其最信任的大将井伊直政急忙派船将德川家康接出来，送回位于伏见的宅邸。

在大名结亲问题闹得沸沸扬扬之时，1月19日有马则赖在位于伏见的自家宅邸中举办宴会，邀请远近诸将参加，德川家康自然也在其中。但是在宴会进行到中途时，井伊直政上前与德川家康耳语，只见德川家康顿时脸上变色，起身便打道回府了。回到府邸中，藤堂高虎已在等候，说是听闻石田三成等人的刺杀阴谋。德川家康立即布置许多侍卫，将宅邸里三层外三层给围了起来。那么井伊直政给德川家康耳语了什么呢？据说是：“有可靠线报，三成和（前田）利家等人正在策划要逼迫主公切腹！”这个流言颇为逼真，倘若只有石田三成一人，则或许会是暗中行刺，但是名列五大老之一，丰臣秀赖最贴身保护着的前田利家也参与其中的话，依照前田利家的秉性，他不喜欢鬼鬼祟祟、暗中害人，若真要加害德川家康，那便一定会找一个堂堂正正的理由。听闻涉及重要的人物，德川家康自然是高度紧张。

前田利家和德川家康并没有真正动起手来，一方面双方都觉得先动手者理亏，另一方面细川忠兴在两个阵营之间积极奔走，游说和解。2月29日，终于被细川忠兴说动的前田利家亲自前往伏见（由细川忠兴、浅野幸长、加藤清正等人护卫），此时利家已经是重病缠身，命不久矣。德川家康前来迎接，双方和颜悦色，宣告和解。仅仅数日之后的3月3日，前田利家去世，临死前将儿子利长唤到床边，嘱咐他今后要保住前田家，不但不能与德川家康对抗，而且要臣服于德川家康之下，忍辱负重，苟且偷生，让家族得以存续。62岁的前田利家，经历从织田家臣到丰臣家臣的转变，将家族事业经营得越来越兴旺，并且也目睹了同样资格很老的织田家老臣如佐佐成政等人的悲惨结局，确信自己死后天下将属于德川家康，遂不用做无谓的抵抗了。

就这样，淀夫人——文官派寄予厚望的对抗德川家康之主力的前田家，完全改变了阵营。前田利长一字不落地遵照其父的遗嘱执行。1599年继承家主之位

位于名古屋的前田利家青年时代骑马英姿雕塑。年轻时前田利家号称“枪之又左卫门”，担当织田信长身边最精锐的赤母衣众笔头。

时，他已经39岁。过去丰臣秀吉还活着的时候便称赞过前田利长：“果然是筑前守（前田利家）之子，鹰不生鸠也。”即虎父无犬子的意思。前田利长年少从军，自早期的志津岳等战役开始至九州、关东之战，未尝一败，在同辈将领中绝对算得上佼佼者。5月29日，前田家正式举行前田利长继位仪式，当晚举行宴会，邀请德川家康出席，然而德川家康并没有出席宴会。《瑞龙公世家》记载，此前增田长盛跑去向家康密告，称前田家有意摆鸿门宴，想趁机杀死家康，家康惊惧，故称病不至。从年初以来，片桐家宅邸、有马家宅邸中分别传出过谋杀德川家康的流言，前田家这已经是第三次了。俗话说事不过三，德川家康恐也不堪继续忍受，欲讨伐前田家，两大阵营的全面冲突一触即发。第四次流言传出的地点则直接在大坂城内。9月7日，为了参加两天后的大坂城重阳节仪式，德川家康从伏见出发，中途在大坂城附近的石田三成旧宅邸歇宿。增田长盛再一次登门密告，称已经返回加贺国的前田利长在背后操纵，浅野长吉、大野治长、土方雄久3人目前正在具体策划针对德川家康的暗杀方案。浅野长吉之子浅野幸长曾经与前田利家的第五个女儿结过婚（此女后来病死），土方雄久是前田利长之母的外甥，这些人都与前田家关系匪浅。一切似乎言之凿凿。德川家康不得不采取举措，遂立刻从伏见召集护卫军团到大坂，9月9日当他完成入大坂城向丰臣秀赖表示祝贺的仪式，其军团公然在大坂城外虎视眈眈，摆出一副一有异动便要大开杀戒的模样。次日德川家康便派遣结城秀康前往石田三成之兄石田正澄的宅邸，“监视其动向”，同时与北政所进行协商。北政所早在年初便被淀夫人从大坂城本丸赶出来，住在西之丸。9月29日，北政所出走京都，德川家康进入西之丸开始执行“五大老笔头”的权柄。

10月13日，德川家康任命小松城主丹羽长重为先锋，做出将立即发动对前田家征讨的姿态。不过姿态只是充当样子，除了前锋以外，德川家康并没有对征讨大军做进一步安排，见状前田利长赶忙派遣家老横山长知去拜见德川家康，陈明前田家绝无异心，并且送上前田利长亲笔书写的效忠“誓书”；同时还将横山等几位家老，连同母亲松夫人（芳春院）作为人质送往江户。当年丰臣秀吉也曾经将自己的母亲（大政所阿仲）送往德川家康处作为人质，但那不是为了向德川家康表示臣服，恰恰相反，那是作为德川家康向丰臣秀吉表示臣服的交换条件。前田利长将亲属送往江户城做作人质以表示臣服，是后来德川幕府时代各地大名向江户送入人质的开端，也在一定程度上间接促成江户城两百年的繁华。

曾经接受过丰臣秀吉母亲的德川家康，当然明白前田利长送上母亲作人质的意图。有趣的是，后来关原之战时，丹羽长重投靠了西军，前田利长于是出兵攻

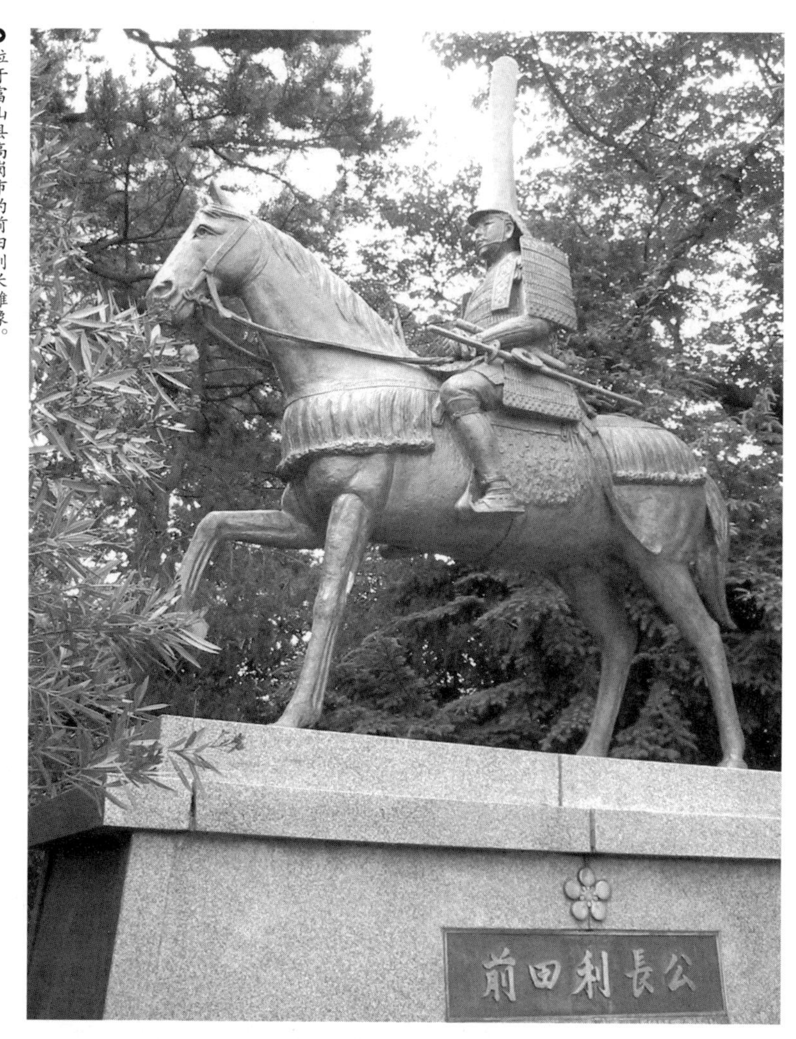

位于富山县高岗市的前田利长雕像。

克了小松城，作为投名状献给了德川家康。但是当德川家康派遣使者前来询问前田利长的弟弟前田利政的情况时，前田利长一时语塞。前田利政掌握能登国（位于现石川县）21万石，却与石田三成沆瀣一气。待前田利长稳定情绪后便将这一切如实相告，并趁机表示衷心：只要大御所下令，一定亲手消灭这个敢于反叛的弟弟。德川家康见前田利长如此诚心，便许诺将孙女珠姬（德川家康的三儿子德川秀忠之女）嫁给他的儿子前田利常（前田利长养子实际是他的弟弟），两家结百年之好。果然，前田利政虽然一度与兄长共同作为东军向关原战场开进，然而中途返回金泽城后便称病不再出阵。战后，前田利政领地全部被转换到前田利长手中，再加上其他加封，前田家领地一举达到1192000石，成为德川幕府开创后天下大大名之冠。

而成为“天下第一大名”的前田家如何保住这令人艳羡，但也很容易成为幕府眼中钉的广大领地呢？首先自然是继续效力于德川家。1611年前田利长去世，遗言唯有“谨守幕府之令”。前田利常随后继承了家主之位，大坂冬、夏之役前田利常都曾立下赫赫战功。进入和平时代后，这位在各种史籍里风度翩翩、武勇仁智的大名，却开始装疯卖傻。其中有两个比较有名的故事，第一个故事是说前田利常进入中年以后便开始不修边幅，最让人难以忍受的是他根本不修剪鼻毛，结果导致鼻毛露出很长。最后他的属下实在难忍，于是献上一套剪鼻毛的工具，暗示他该修剪鼻毛了。然而前田利常却告知其下属说：我就是要表现得像个傻瓜，如果不这样，怎么维持“天下第一大名”？属下这才明白其良苦用心。另一个故事是，有一次前田利常因染病没有入江户城议事，隔天入城之后，酒井忠胜就问：“您前阶段怎么没来啊？”前田利常回答：“哎呀我是得了疝气啊，走路都不行，要不您看？”疝气是发生在大小肠和生殖器上的病症，这种事本不宜说，但不料前田利常居然当着满堂众人的面，脱下裤子就给大家看个通透，引得哄堂大笑。

以上便是前田利家、前田利长、前田利常三代是如何处心积虑，战战兢兢寻求在德川家庇护下最大程度保护自家利益的过程。这个过程贯穿幕府前期数十年，历经了各种艰辛，当我们再回首1599春夏之交，以石田三成为首的大坂城奉行们拼了命想鼓动前田家去对抗德川家康，如此可笑！他们只看到了前田家有能力对抗德川家康，但却没有思考问题的本质，即前田家是否有意愿做这种火中取栗的事。事实上，虽然德川家康和前田利家、前田利长之间一度到了即将兵刃相见的地步，但是石田三成与前田利长的关系也是很差的。当德川家康接受了前田家人质的那一刻，阴谋挑动者们被迫自己跳向前台，而这样做的后果就是自取灭亡。

然而，以上这一连串的阴谋事件还有另一种传言，即所谓阴谋都是德川家康自己在幕后编造的。确实，德川家康在别人的宅邸里吃喝玩乐着，突然手下就闯进来密告，接着德川家康便神色匆忙地离开，然后有人刺杀德川家康的流言便四处蔓延......一切都显得太过于戏剧化，德川家康自导自演也不是没有可能性，但终归没有确凿的证据。这历次相似的阴谋中，最像是德川家康自导自演的，还数发生在1600年6月的那一次。

当时德川家康已经决定讨伐会津上杉家，并向江户出发去集结麾下所有军

位于滋贺县甲贺市的水口城建筑。当然，这是现代重建的，古代的水口城在明治初年完全被废弃了。

队。6月18日，抵达近江国的石部，此处临近水口城（今滋贺县甲贺市），城主是长束正家。德川家康到时，长束正家亲自出城前来迎接，赠送铁炮200挺，并邀请德川家康道："明日请一定到我城中，招待一顿早餐不成敬意。"德川家康应允。不过到了半夜的时候，就传来流言道石田三成的家臣将要对德川家康队伍发动袭击，而长束正家将为袭击提供便利。仅仅几个小时之后，德川家康队伍便飞速从水口城下离开，然后让一名使者返回水口城，逼迫长束正家做出解释，并且谢罪。长束正家听闻之后大吃一惊，急忙亲自带着几个随从追上去，一直追到一个叫土山的地方，才遇见德川家康一行，正家立马向德川家康拜伏道："说我要袭击内府殿，这是绝对不会发生的事，我向神明发誓！"

对于长束正家此时的反应，后世解释历来也是莫衷一是。有人认为长束正家作为多次在大坂城内煽风点火、策动阴谋者，这一次也必定不是无辜的，但是袭击还未发动就被德川家康给识破了，惶恐之余便做出了背叛石田三成的行为，跑去向德川家康表忠心了；另一种解释则是认为长束正家本来就是两面派，八面玲珑，处事圆滑，但这种人的胆量一向是不可恭维的，因此亲自刺杀德川家康这种大事是决计不会做的，而日后的关原之战中他的军事表现也确实印证了他无能的一面。受此冤枉，他自然得拼命辩白，以求不会真的惹恼德川家康。

在丰臣政权五奉行中，长束正家和前田玄以的个人领地都是最少的，仅有5万石，与同为22万石的浅野长政、增田长盛相差甚远，但长束正家的职务重要性却仅次于石田三成，石田三成是行政主管，而长束正家是财政主管。兵马未动粮草先行，以石田三成为首的诸奉行想要打倒德川家康，一定需要长束正家的支持，因此大多数史学家认为长束正家与石田家毫无瓜葛是不太可能的。此外我们还需要注意一下这件事发生的地点：水口城，今日本滋贺县甲贺市。提起此处令人不禁想起甲贺忍者。

当年本能寺之变，德川家康从界市出发，半道听闻织田信长的死讯，遂改道伊贺。当晚接受近江信乐小川的豪族多罗尾光俊的款待，3日后在多罗尾光俊的陪同下取道伊贺越加太，最后平安回到冈崎。这一次德川家康突然在夜间得到将有袭击的消息，据说也是甲贺忍者通风报信。当然这些背后的故事仅凭后人想象了。我们只需要知道德川家康最后的决定：对于长束正家的辩白表示接受，然后赠送给正家一把名为“来国光”的胁差（长刀）。长束正家恭恭敬敬接过胁差，随后走在队伍前面做向导，直到将德川家康礼送出境——实际就等于是当了几个小时的人质，直到德川家康确认周边已彻底安全才让正家离开。总之，不管这次提前暴露的袭击是真是假，德川家康仍表现得游刃有余。

有一点很容易被忽略，关原之战前并非只有属于淀夫人——文官派系的几个奉行在实施阴谋诡计，其实德川家康暗地里也用了不少计谋。前述1599年3月3日前田利家去世，第二天即3月4日，前田家臣——有5000石领地的德山则秀便出走，投奔了德川家。德山则秀早年曾经是柴田胜家的家臣，算是个老资格武将了，在柴田胜家被丰臣秀吉消灭以后由丹羽长秀推荐给了前田利家。实际上早在前田利家病重期间，德山则秀就曾经将利家与自己秘密谈话的内容透露给德川家康。为了向德川家康表示今后必投奔于他的决心，德山则秀又秘密将自己的女儿作为人质送去了德川家。但是这件事情终是败露了，病床上的前田利家将德山则秀召去责问。当时前田利家已经病到不能说话的程度，德山则秀在隔壁房间向神谷守孝等人进行了辩白，随后再由他们传达给利家，但利家并不相信其辩白，却也还没来得及下达制裁措施，便撒手人寰了。

德山则秀待前田利家刚去世，趁着大家还沉浸于悲痛之时，趁机溜去了德川家。这一家臣叛变的行为，引发了前田家内部的恐慌，生怕内部仍有德川家康安插的眼线，遂在内部掀起了一场肃清运动。仅仅6天后，前田家重臣——领地达到1万石的片山延高在大坂被杀。片山延高被杀的理由听来是很荒诞的，说是前田利家在病床上的时候，曾经因为奉行们的挑拨，向片山延高下达了暗杀德川家康的命令，但后来又反悔了。因为他意识到：“行暗杀之事对秀赖公不利，与德川家康诚恳相待能保前田家安泰。”最后在前田利家的遗书当中，对于片山延高的评价是：如果有地位在前田利长之上者（以全国大名而言就只有德川家康了）加以招募的话，此人很容易就会转去投奔，若前田家濒临危机之时此人恐怕有背叛的可能。继位的前田利长马上根据这份遗书，并且以片山延高知晓前田家刺杀德川家康阴谋的事实为理由，将其杀死。

显然片山延高之死存在很多蹊跷。前田利家躺在病床上还找片山延高商量刺杀德川家康，转过身来却在遗书中评价此人不可靠，很容易被德川家康招募过去，那么为什么前田利家会选择此人商量呢？这一说法显然不合常理。笔者认为此事真相最大的可能性是片山延高与德山则秀一样，早就已经被德川家康暗中笼络过去，将前田家的内幕一五一十都泄露出去了。前田利家被挑拨充满愤恨的那一阶段，确实叫嚷过要杀掉德川家康，这件事多处记录可以证明。前田利家临死之时已经决策要继位的前田利长从今往后顺从德川家康，并且不能留着片山延高这个家中祸害继续存在。于是前田利长明面上对德川家康的说辞是：故主前田利家曾急火攻心说要杀你，后来他回心转意了，为了证明这点给你看，我把当初故主指派去杀你的片山延高杀了。这一席话背后的潜台词是：德川家康老狸猫啊！我知道片山延高和德山则秀一样是你的“卧底”，我现在把他杀了，德山则秀就归你了，以后我们就既往不咎，和睦相处吧。德川家康自然是不会在乎这些

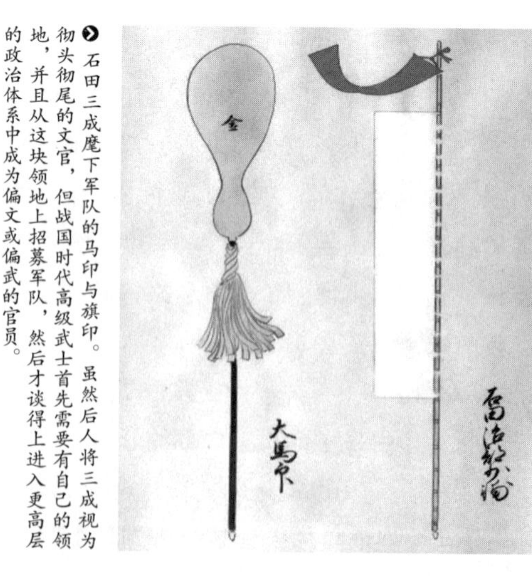

石田三成麾下军队的马印与旗印。虽然后人将三成视为彻头彻尾的文官，但战国时代高级武士首先需要有自己的领地，并且从这块领地上招募军队，然后才谈得上进入更高层的政治体系中成为偏文或偏武的官员。

“卧底”的性命，只求得和谐相处。

总之，前田利家的逝世给德川、前田两家关系带来了转折，同时也使得此前一系列阴谋的策划者石田三成再也不能躲藏在暗处，由此引发了“石田三成逃亡”。原来，前田利家生前不但是石田三成指望用来讨伐德川家康的长矛，同时也是保护石田三成不被武将派的加藤清正、福岛正则、黑田长政等加害的盾牌，前田利家死去即意味着石田二成性命危矣。世间传说，最后走投无路的石田三成只好接受佐竹义宣的劝告，躲藏在佐竹家的女眷抬轿中，逃出大坂城，蹿入伏见的德川家宅邸，恳请德川家康庇护。德川家康于是将石田三成保护起来，随后派结成秀康将石田三成护送到其领地佐和山城，以放弃家主之位（传给年仅13岁的儿子重家）为交换条件让加藤清正等人罢手了。德川家康此举表面上是堂堂正正履行大老笔头的职责，维护丰臣政权的安定，实则是将石田三成的政治活动空间彻底封死，但同时保留了他的性命，给予他日后武装起事的机会。因为德川家康深知一旦石田三成起事，与石田三成矛盾已经如此之深的武将们必将投奔自己麾下，这一场大战后丰臣政权必将伤筋动骨，此后德川家取得天下便是水到渠成。

直江兼续给后人留下的最深刻印象，便是其甲胄头盔顶部顶着个大大的“爱”字。

不过关于“石田三成逃亡”这件事，还可以再进行进一步的查证。京都神龙院住持梵舜所著的《舜旧记》记载：石田治部少辅因与七大名存有纠纷，由内府家康插手和好无事，治部前往江州佐和山城隐居。这里并没有提到石田三成逃往伏见德川家康宅邸内寻求庇护，其他可信史料中，也没有提到这一点。

江户中期的宝永年间（1704年–1711年）著名兵学家大道寺友山所著的《落穗集》中对这起事件经过的描写是这样的：

大坂を出て道中何の子細のなく、其日の晩景に至り伏見の屋敷へ着致し、義宣には直に向島の屋敷へ被参、御対顔の上にて大坂騒動の次第帰宅の節、石田三成の同道被致候儀なとなも委細に被申上候、且家康公被仰候は、右出入の義を我等も聞及ひ候（中略）其元下向あられ、石田三成を当地へ御同道と有之は重畳の事候、治部少、当地に罷居候上にては、何様も致しよき事候と御挨拶被城候となり

“石田三成由佐竹义宣陪着当夜到达伏见住所。佐竹义宣径直造访了家康宅邸，对家康陈述了大坂丰臣七将骚动的经过，表明石田三成在自己的陪同下已经抵达伏见。家康回答，对于这次的骚动深表痛心，佐竹义宣能够保护石田三成从大坂逃至伏见值得赞赏；石田三成可以先住在伏见，等待问题处置的结果。”

到底事实的真相如何，恐难以明了。

投奔怒海的会津龙

关原之战的起因表面上是上杉景胜的头号家臣直江兼续写信反驳德川家康对上杉景胜的指控，并痛骂了德川家康，德川家康阅信后大怒，随后就返回江户组织大军讨伐上杉，石田三成趁机组织各路武装占据近畿，德川家康随即率军返回与石田三成大战于关原，一日而克。当初上杉景胜臣服于丰臣秀吉，从越后祖传之地被转封会津，关原之战后又不得不臣服于德川家康，以求避免被灭家。因此上杉景胜再次被减封米泽。德川家康在转战关原之前就曾下令最上义光侵入会津，双方经过几日的较量之后，最上义光处于孤立无援的境况，遂以长子义康为质，向伊达政宗请求救援，政宗随即派其叔父政景前往救援。最终在最上、伊达联军的合力打击下，上杉景胜的“关原”就此拉上了帷幕。

战争的硝烟日渐平息，但坊间关于上杉重臣直江兼续与石田三成秘密约定的流言却从未停息，究竟事实的真相如何呢?

直江兼续与石田三成是同龄人，都是永禄三年（1560年）出生，这一年27岁的织田信长在桶狭间打败了今川义元，18岁的松平元康（德川家康）由此独立，24岁的木下藤吉郎（丰臣秀吉）还在寻求获得第一次战功的机会。四十壮年，两人在太阁丰臣秀吉去世之后，都认为当今天下轮到自己来纵横驰骋了，石田三成要支撑丰臣政权，直江兼续则要支撑上杉家；石田三成是由丰臣秀吉亲自挑选并培养为自己执政的左膀右臂，直江兼续与上杉景胜的关系也与此类似。丰臣秀吉也一样欣赏直江兼续，他曾经提出让直江兼续转投到自己帐下，被拒绝之后，要求上杉家将自己拥有的120万石高划分四分之一即30万给直江兼续，甚至赞言：“天下可托付重任者唯有小早川隆景与直江兼续。”小早川隆景在其父毛利元就去世后成为了毛利家的领导者，也是争霸天下的强有力候选人之一，然而在丰臣秀吉去世之前隆景便于1597年已经去世了（上杉景胜成为五大老之一就是补隆景的缺），由丰臣秀吉送来的养子羽柴秀俊继位大名，改名小早川秀秋。

在丰臣政权五大老中，德川家石高255万余遥遥领先，而毛利家石高1255000位居第二，上杉家的石高仅仅比毛利家少了5000石，位居第三。不过，上杉家在丰臣政权内的发言权，连宇喜多家都比不上，更别说与德川、毛利、前田家相比。原因不难猜想，曾经在“越后之龙”上杉谦信率领下所向披靡、威震天下的上杉军团早已风光不再，上杉景胜赢得继承战争之后，既难以管理越后之地，也难以阻挡织田军入侵，因此当丰臣秀吉大军到来时便轻易臣服，移封会津。对于丰臣秀吉来说，将上杉家安置在连接关东平原与东北陆奥的咽喉之地会津，可以从后方牵制德川家康的关东八州。为了让上杉景胜能够更尽责地驻守此地，丰臣秀吉便让他加入了五大老的行列。对于上杉景胜来说，上杉家在丰臣政权旗下的待遇并不算坏，维护这个政权的稳定也是理所应当的。让日本的政治中心继续在遥远的大坂维系下去，而不是转移到与会津并不遥远的江户，也可以给予上杉家相对的行动自由，这种自由可能会给未来上杉家重新夺取越后，甚至取代德川家康称霸关东提供契机。总之，当德川家康开始表现出欲号令天下的意图时，上杉景胜、直江兼续是肯定会站在他的对立面的，那么石田三成欲与其缔结密约也就是情理之中的了。

当然，订立密约一般不会留下证据。我们也只能推测：这份密约大概订立于1599年8月至9月间。上杉景胜8月3日从伏见出发，22日回到会津，中途很可能路过佐和山城，与石田三成有过交谈并确定密约的大致条款。9月1日，直江兼续又从大坂出发，《会津阵物语》《近世军记》等史料明确记载直江兼续两天以后便去了佐和山城，很有可能是去完善这份密约的细节问题。至于直江兼续并不是陪同上杉景胜一道回会津而是分先后出发，官方的解释是直江兼续当时身体有恙，因此延后数日出发。不过这也可能是个障眼法，避免两人一同进入佐和山城引人注目。

上杉景胜、直江兼续与石田三成之间密谋了些什么？达成了什么样的协议？我们不得而知，但恐怕也很难会有联合发动天下大战，消灭德川家康的内容。为什么呢？如前所述，9月7日重阳节之前再一次传出暗杀德川家康计划正在策动中的流言，这一次流言骚动比以往任何一次都严重。结果导致9月29日北政所出走京都，德川家康进入西之丸开始执行“五大老笔头”的权柄，其他大老与奉行基本失去了参政权（除了丰臣秀吉死后很快投靠德川家康的浅野长政）。10月2日，卷入这次阴谋的浅野长吉、大野治长、土方雄久被流放，10月13日，德川家康任命小松城主丹羽长重为先锋准备讨伐前田家，随后峰回路转，前田利长送上母亲和家臣为人质表示臣服。所有这一切惊险的剧情发生之前，石田三成已经和上杉景胜或者直江兼续商谈过，但那时的石田三成应该仍然指望前田利长与德川家康对抗，自己并未下定决心与德川家康对抗，那么自然也就不存在向上杉景胜、直江兼续一切和盘托出，请求其做军事准备，夹击德川家的想法。但是，可以预想三人之间已经达成日后加强合作，互利共赢的协议。

日本史学界在研究石田三成方面硕果累累的白川亨先生，在其著作中曾提出一个值得重视的细节：关原之战后，石田三成的次子重成（石田家的“漏网之鱼”）去投奔姐姐辰子所在的津轻家（辰子以丰臣家养女的名义嫁给了津轻信枚，从此改名为杉山源吾）。杉山源吾编纂的《杉山系图》在津轻藩内流传下来，由此可知上杉家有一个家臣叫冈左内定俊，其子半兵卫重政娶了石田三成的次女（一说养女）。大名间禁止私自结亲，这是关白秀次切腹（1595年8月）之后五大老共同签名向丰臣秀吉提交的效忠《誓书》第一条明令规定的，也是丰臣秀吉死后德川家康与四大老、五奉行关系恶化的主要原因。然而根据这份《杉山系图》的记录，石田三成自己就打破了这项规定，将自己的女儿嫁到了上杉家。这位冈左内定俊曾经是祖居会津的蒲生家臣，上杉家转封过来以后他继续留在会津效忠于上杉景胜，关原之战后他还是留在会津又一次效忠蒲生家。因此，冈左内定俊对于上杉景胜来说只是熟悉会津地方事务的边缘家臣而已，而丰臣五奉行之首、佐和山城主石田三成居然会看中这个小角色，甚至打破太阁遗命，将自己女儿（很可能是养女）嫁给他儿子，实在是毫无道理。那么就只能考虑另外的因素，即这门亲事其实就是石田三成送了一个人质给上杉家。石田三成之女是何时与半兵卫重政结婚的并没有记录，因此还有一种可能性是，当初石田三成就是纯粹将她作为人质送往上杉家的，这样也就不违反

据说是关原之战时"花之庆次"前田利益所使用的武士甲胄，现藏于米泽市博物馆。

今日福岛县会津若松市的若松城天守阁，雪中美景，见证数百年来日本东北部的风云变幻。

禁止私自结亲的规定。关原之战后上杉家被转封至更为偏僻，财政上更紧张的米泽，因此带走的人数越少越好，重政与其父冈左内定俊都留在会津，那么石田三成之女也留在会津，并且直接嫁给重政，以便消去上杉家曾经与石田三成订立密约的线索。确实，德川家没有人想到去津轻家追查石田重成，这条线索也就此作罢。

总之，有上杉景胜、直江兼续在回国途中与石田三成商谈的迹象，有石田三成将人质送往上杉家的记录，基本可以确定双方达成了一定共识，今后将共同采取行动了。于是上杉家开始招兵买马。在各种小说、漫画、影视作品中活跃的战国大名人"前田庆次郎"（花之庆次），本名前田利益，就是在这个时期作为浪人被直江兼续招募进入上杉家，成为组外众笔头，领受1000石俸禄。除了这位大名人，还有车丹波守斯忠、山上道及、上泉泰纲等。这位上泉泰纲又名主水，一般认为他是剑圣上泉信纲的孙子，曾效忠于后北条家，小田原征伐后成为浪人，也被直江兼续所招募，据说他开创了会津一刀流，后来与最上军作战时战死，其子孙世代为米泽藩士。

1600年2月，上杉景胜、直江兼续指示上杉领地内诸城都展开修复工作。3月，又以若松城狭窄为名，下令在会津盆地接近正中央的位置修筑一座新城，名为神指城。动员越后、仙道、米泽、会津四郡的人夫12万人，本丸的石墙从3月18日修筑至6月1日，二之丸从5月10日开始修筑。需要注意的是：上杉家直到此时，仍然没有推行兵农分离制度，也就是说上杉家动员大量农民从事建筑工程，没有余力发动由农民兵组成的军队出兵打仗。进入6月之后神指城工程就停工了，原因是酷暑难当。接下来就面临德川家康发动的会津征伐，随之而来的是关原之战的东北战线—

庆长出羽合战，结果上杉军被打败了。上杉家只有在修筑完成神指城，并且将其他防御城池整修完毕之后，才能指望用少量兵力确保根据地的安全，从而将主力部队投入对德川家关东八州的进攻作战，但以上杉军对阵最上、伊达联军的实际情况来看，上杉景胜、直江兼续难有兵力来执行如此积极的战略。

如果备战工程能够瞒过德川家康的耳目倒也罢了，但实际上工程如此声势浩大，要隐瞒过去是很难的，况且上杉家这个时候又出现一名“出奔者”，让消息泄露的时间点比石田三成、上杉景胜预想的更早，此人名叫藤田信吉，也算是个“多姓家奴”的人物。藤田信吉出生于1559年（即比石田三成、直江兼续大一岁），早年效忠于后北条家，受真田昌幸的策反，将沼田城交给武田家（此城扼守越后进入上野的咽喉要道），后由武田胜赖赐予5700贯领地（并由此改名为藤田信吉）。不久之后武田家灭亡，藤田信吉先投靠泷川一益，本能寺之变后又连忙投靠上杉家，结果遭到泷川军围攻，只得逃往越后，上杉景胜后来将长岛城赐予了他。藤田信吉在上杉家中取得不少战功，如讨伐新发田重家时通过策反活动夺取新潟城、沼垂城，救援赤谷城时击败了芦名军。小田原征伐时藤田信吉已然成为上杉家的先锋大将，将后北条家（也就是其旧主家）位于上野、武藏的多座城池攻克，因此当上杉家移封到会津时，藤田信吉成为津川城代，石高15000。不过此人“脑后有反骨”，1600年初作为上杉景胜的代表前往德川家祝贺新年，德川家康便向其赠送了不少钱财和名刀。因此，当上杉景胜、直江兼续的反德川家立场越来越明显时，藤田信吉成为上杉家中“避战派”的代表，最终藤田信吉直接出奔，跑去向德川秀忠告知了一切。大吃一惊的德川秀忠立即赶往大坂城去通知德川家康。事实上，在藤田信吉叛逃之前仅仅两天，德川秀忠还向上杉景胜写了一封信，认同其正在实施的防御修筑工程对德川家并没有敌意，请其安心即可。现在上杉家中的重要人物前来透露上杉景胜、直江兼续确有反意，事态便突然严重起来。五大老之一要造反，非同小可，德川家康立即向另外两位大老毛利辉元、宇喜多秀家提出讨伐会津，但毛利辉元、宇喜多秀家联合增田长盛、大谷吉继等提出反对，认为现在出兵为时尚早，应该先派人去质问上杉景胜。1600年4月13日，德川家康派遣的使者到达若松城，向直江兼续交出质问状，其内容大意是：你上杉景胜自太阁去世以来干的那些事，我德川家康都是知道的，很多人都状告你（有叛乱意图），如前田利长那样曾有异心但终究臣服于我，你也应该学那样。请你（上杉景胜）赶快上洛来道歉，否则就会有战事。另外还要商量一下高丽国是否投降，如果不投降便出兵讨伐之事。总之，这份质问状很不客气，充满挑衅意味。

当上杉景胜、直江兼续接到这份质问状时，便能明白德川家康无论如何都会发动讨伐战争了。既然已无回转余地，直江兼续写了一份更加不客气的回复状，即后世知名的“直江状”，其逐点反驳德川家康的指控，并充满嘲讽，特别是“你应该学习前田利长”、“商讨高丽国投降之事”被直江兼续用“笑止笑止”（简直笑死人了）字样讽刺。从各种史料来看，这份“直江状”送出以后，上杉景胜、直江兼续并没有立即采取与石田三成加强协同的举措，而是继续国内修城、整备桥梁道路的工程。此后在大坂方面发生的事，简单记录如下：

5月3日，收到“直江状”的德川家康愤怒宣告必要踏平会津。

5月7日，两位奉行长束正家、增田长盛和三位中老中村一氏、生驹亲正、堀尾吉晴试图劝阻德川家康讨伐会津，未被接受。

6月2日，德川家康下令以7月下旬为期做出征会津准备。

6月6日，德川家康将诸将召集于大坂城西之丸，布置各路军团讨伐路线：德川家康、德川秀忠率领关东、关西、东海各路大名由白河口进军，佐竹义宣由仙道口进军，伊达政宗由信夫口进军，最上义光率领最上川以北诸将由米泽口进军，前田利长、堀秀治率领越后诸将由津川口进军。如此阵势，会津上杉家面临的是来自四面八方的围攻，兵力总数可达20万，日本历史上出现如此规模大军动员只有两次，一次是小田原征伐，另一次是九州征伐。

6月15日，丰臣秀赖来到西之丸，赐予德川家康军费黄金两万两、兵粮两万石。

6月16日，德川家康从大坂前往伏见，一切箭在弦上。

6月9日，上杉家部署于大坂、京都的探子回到会津，立即向上杉景胜、直江兼续做了汇报：德川家康这次讨伐会津想要丰臣秀赖一起出征，但被丰臣秀赖身边众人拒绝。德川家康还想借用佐和山城，但石田三成表示拒绝，并且关闭了城门。又想借道尾张的清洲城，但也被福岛正则拒绝。毛利、宇喜多家以当年未曾参加讨伐北条家为由，也拒绝参加。另外，还听闻朝鲜兵蜂起并入侵一岐岛、对马岛，不过这个消息难以判断真伪。这份报告中有很多不可信的地方：朝鲜兵入侵是根本不可能的事情，福岛正则实际上已经投靠了德川家康（而且表现得比德川家康家臣都积极），可见上杉家的情报系统也不是那么可靠。上杉景胜、直江兼续另外还收到其他家臣关于领内的报告，大多是物资不足的情况，可见家臣团对于即将到来的大战非常不安，而上杉景胜回复则以斥责激励为主。

6月20日，会津征伐之后第一封从石田三成那里发出的书信送抵直江兼续之手，内容是通报德川家康18日已由伏见城出发，毛利辉元、宇喜多秀家都是我方盟友，请放心。

但这封信多半是后世伪作：从大坂发出一封信到会津需要10天左右，从佐和山城出发最多只能缩减一天时间，一封最早也得18日晚间才写好的手信在20日就抵达会津，这显然是不可能的事。不过这一时期石田三成与上杉景胜、直江兼续之间肯定已经在频繁联络了，这一点毋庸置疑。石田三成加紧说服毛利辉元、宇喜多秀家，并在7月间取得这两位大老以及大谷吉继、真田昌幸等人的支持。7月14日石田三成寄给直江兼续的书信因为有其他史料作证，基本可以认为是真实的，其中提及一旦事成，将恢复上杉家原本的越后领地，并推荐在越后寻找浪人发动一揆。几乎同时石田三成寄给真田昌幸的信中，则请求真田昌幸将本方使者引路到会津去，并保持从真田家的沼田城到会津城之间书信道路的畅通（这些书信的抄本由真田信之一族保存至今）。8月25日，上杉景胜正式向石田三成、长束正家、增田长盛、毛利辉元、宇喜多秀家等本方阵营发出传檄文书，历数德川家康违背与太阁誓约、操纵大坂政务、无端陷害上杉景胜谋反等罪状，并保证会津各要口守卫严密，无须担心。

这份文书对于今后上杉家的军事战略是如何描述的呢？其大意是：（上杉军）如果轻率出击关东平原，则东北之敌蜂起（最上、伊达），将陷入不利局面，因此需谨慎。但如果内府（德川家康）上洛，则我方将与佐竹（佐竹义宣）合作，然后杀入关东，为此我们将加紧准备，请放心。豪言虽出，但上杉家的真实打算仅仅是牵制住伊达、最上家，在越后靠发动一揆牵制堀秀治。上杉景胜作为上杉家之主制定这样一份保守的作战方案，与眼前的现实情况即神指城修筑等工程还远未完工、上杉军的备战与物资补给很不充分相关，也与上杉景胜成为上杉军统帅以来的战略思维有关。上杉景胜是在养父“军神”谦信的身边长大的，但是他看到谦信经过一生无数次大战之后，去世时上杉领地仍然只有越后一国与上野、越中的一部分，与武田信玄大战十年、天昏地暗的信浓川中岛四郡，却也是他趁着本能寺之变后的混乱局势才收入囊中。臣服于丰臣秀吉之后，上杉景胜不动声色地派兵渡海，消灭了佐渡岛本间家，从而获得其金矿利益（佐渡金山的大规模开发是在转为德川家直属领地之后）。总之，上杉景胜既没有实力，也没有意愿在战场上树立如同谦信那般赫赫威名，只愿顺应天下形势在其能够掌控的周边地区捞取一些实际好处。因此，石田三成、大谷吉继等人设想的从东西两面广大范围内形成对东军夹击之战略设想，从一开始就是没可能实现的。

而德川家康所面临的形势，与数百年之后，第二次世界大战中被日本军队偷袭了珍珠港的美国罗斯福总统所面对的形势类似。偷袭珍珠港导致美国与日本、德国同时开战，而日、德分属亚洲和欧洲，这便需要美国对战斗能力进行分配。

歌川广重所描绘的江户时代佐渡金山矿场景象。

尽管日本才是向美国主动挑起战争者，且美国国内要求集中全力向日本复仇呼声高涨，但罗斯福仍然决策将大部分战斗能力分配去欧洲对付德国，因为轴心国的最大战力来自德国军队，解决纳粹德国之后再解决日本不过是囊中取物，因此只需小部分战斗能力分配至太平洋战场，同时支援中国等继续抗战以牵制日本。德川家康的决策与其非常相似，会津讨伐军从伏见出发后在近畿只留下象征性兵力，一听闻石田三成联合西国大名起事，德川家康立即率领主力转向对付石田三成，同时依靠最上、伊达联军牵制上杉。结果是德川家康在两条战线上都获得了胜利，而石田三成、上杉景胜、直江兼续所设想的战略完全失败。

换一个角度看，上杉家与二战中的日本高层决策也非常相似。从基本实力分析，日本向美国宣战与上杉向德川家康宣战一样，都是不自量力的行为。但日本当时对于欧洲战场的盟友纳粹德国的实力予以过高评价，认为德国可以打败苏联、英国，然后集结整个欧洲之力从大西洋方向威胁美国，结果德国根本没有成功。上杉景胜、直江兼续对于石田三成纠集起来的西国大名实力显然也过高估计，甚至连福岛正则将倒向哪一方都没有搞清楚，更遑论预见庞大的西军竟会在大战仅仅半日便溃败。按照正常逻辑判断，只要西军不是被彻底击溃，即使初战挫败、残余部队撤往大坂城固守，这座天下第一坚城也将给德川家康带来巨大的麻烦。十余年后，一群落魄武将（包括真田幸村）率领浪人武士集团固守大坂城，亦迫使年迈的德川家康亲自出阵、带领天下之兵围攻了大半年还玩弄了不少阴谋诡计，才最终破城灭亡丰臣家，可作为大坂城坚固之充分证明。谁都想不到石田三成会将自己的所有筹码仅用半天时间就在关原全部输光，正如后世也没人能想到山本五十六会将作为日本海军主力的航母机动舰队在中途岛一天之内便全军覆没。

上文已提及6月18日德川家康队伍抵达近江国的石部，当夜疑似有石田三成所部试图袭击之事。此前一天即17日，德川家康还在伏见城内，与老将鸟居元忠喝了几杯酒，然后只留下极少军队给元忠守卫伏见城。等德川家康走远了以后，宇喜多秀家起事率军围困伏见，鸟居元忠战至最后，切腹自尽。此前君臣洒酒分别的场面无数次被日后的影视作品所演绎，鸟居元忠被后世视为“精忠护主三河武士”的代表。德川家康通过这一步棋，仅用一员老将与数百士兵性命便争取到数日珍贵的应变时间，同时也通过树立鸟居元忠的英雄形象而来凸显西军阵营行事卑鄙的德行。德川家康不但要在军事上打败西军，而且在政治声誉上也要让石田三成等人彻底垮台。于是，一切恩怨只能在一片名为“关原”的平原地上了结。

剥去光环的毛利辉元

石田三成指望上杉军团能够从东面牵制住德川军，最终形成东西夹击之势，以分化东军的兵力优势。德川家康则策划以伊达、最上军团从上杉军的背后攻击将其牵制住。但上杉军方面还有“隐藏妙招”，其实这一招也是利用早已布下的棋子：以陆奥岩城的岩城贞隆、常陆水户的佐竹义宣相互配合，攻击

位于福岛县白河市的古白河关遗迹，自平安时代以来“奥州三关”之一，历来兵家必争之地。

佐竹义宣画像。

讨伐军的侧翼或者背后。石田三成另外还准备了一个“隐藏妙招”，即鼓动真田昌幸也从信浓方面背攻讨伐军。若所有的计划都能按照预期发挥作用，那么最后战局的走向则不可预测。然而石田三成起事的时机过早，德川家康率领讨伐军于7月24日进入下野小山（今栃木县小山市），当夜从伏见城逃出来的滨岛无手右卫门便带来了近畿有变的消息。

于是在25日，德川家康便召集诸将举行会议，即历史上著名的“小山评定”，福岛正则、黑田长政、浅野长政等纷纷表示愿追随德川家康，返军东上，讨伐石田三成。真田昌幸与次子真田幸村加入西军并且在上田城以奇计牵制住德川秀忠的大军，此事历来为后世称道，且后世演绎作品中也不乏此事件的展现。而相对来说，名气较低的佐竹义宣，此人关原合战前在日本政坛中发挥的作用远高于真田昌幸，石田三成、上杉景胜以及直江兼续对他的期待也高于真田昌幸，然而小山评定后佐竹义宣只能眼睁睁地看着德川军走远，失去了建功立业的机会。

盘踞于常陆水户城（今茨城县水户市）这块水草肥美之地的佐竹家，与血统杂乱的德川家不同，佐竹家是家谱可以追溯到源新罗三郎义光的清和源氏正统。佐竹义宣之父佐竹义重是佐竹家第18代当主，曾与上杉谦信结盟并与北条军大战多次，其后又与芦名家结盟对抗伊达政宗，作战极为勇猛，号称“鬼义重”、“坂东太郎”。1590年臣服于丰臣秀吉并参加小田原征伐，作为援军帮助石田三成围攻忍城，虽然这次围攻战并不顺利，不过佐竹义重、佐竹义宣父子与石田三成结下了深厚友谊。丰臣秀吉赐给佐竹家54万余石高领地令其成为大大名，而五大老之一的冈山城主宇喜多秀家也不过57万石高。由此常陆全境几乎都由佐竹家掌控，丰臣秀吉此举的目的与分封会津的上杉家一样，计划从背后牵制德川家。之后佐竹义重将实权交给佐竹义宣，独自退往太田城过悠闲的隐退生活，佐竹义宣则前往大坂向石田三成学习包括检地法在内的治国之术。与佐竹义宣有亲缘关系的宇都宫国纲遭遇改易（降为平民，没收一切财产）处分，眼看将要牵连到佐竹义宣时，石田三成站出来为其求情，使其免于处罚。因此后来武将派七将试图袭击石田三成时，佐竹义宣给予了力所能及的帮助。德川家康从细川忠兴处听说了佐竹义宣帮助石田三成之事，评论道：“义宣以身命报答旧恩，实为义举，不存异议。”

佐竹家在关原战前受到西军方面高度重视的理由，在于其掌控的领地远不止太阁丰臣秀吉检地划分的54万石，当初佐竹义重将儿子们送往临近各家当养子，到此时已有硕果。佐竹义宣的二弟佐竹义广被送入芦名家，拥有江户崎（今茨城县稻敷市）45000石领地；三弟佐竹贞隆被送入岩城家，拥有岩城（今福岛县岩城市）12万石领地；四弟佐竹宣隆被送入多贺谷家，拥有下妻（今茨城县下妻市）6万石领地。再加上盘踞于牛越（今福岛县南相马市）的相马胤良拥有6万石，也服从佐竹家，全部合计起来，佐竹家整个麾下石高达到了83万，按照千石征兵25人的标准，佐竹军团可拥有2万余士兵，其力量决不可小觑。

当德川家康于5月初宣告将征伐会津上杉家时，佐竹义宣也在征召之列。佐竹义宣在5月中旬抵达京都，被德川家康任命为仙道口进军指挥官，6月中旬返回水户。佐竹义宣表面上仍然服从德川家康安排，命令梅津宪忠、户村丰前守、涩江政光等家臣前往南陆奥的赤馆城做出兵准备，同时又与新近加入上杉家的车斯忠取得了联系。7月15日，向全军提出11条军法书（作战动员文书）。根据《佐竹家谱》的记载，21日佐竹义宣率主力部队从水户出发，24日抵达常陆与陆奥边境处，距离赤馆城很近，摆出一副好似要讨伐上杉景胜的模样。这座赤馆城位于佐竹家领地的最北端，对面就是会津咽喉之地白河口。几乎同时，直江兼续率领的上杉军先头部队14000余人抵达白河城部署，堵住白河口。如前所述，德川家康制定的会津讨伐计划，由其子德川秀忠亲率的主力军团就是要攻打白河口从而进军会津的。如果真走了这条路，那么德川军团队列在这一沿线势必会拉长到头尾难以相顾，倘若背后赤馆城的佐竹军突然翻脸，佐竹义宣与直江兼续合作展开首尾夹击，德川家康、德川秀忠将陷入绝境。顺便提一下，将近300年后，萨长军战胜德川军入主江户城建立明治新政府，以会津松平家为首的东北诸藩表示不服，结成联盟举起反旗，双方大战的焦点之一便是白河口，此处被突破之后新政府军便势不可挡直入会津若松城下，东北诸藩联盟便烟消云散了。

7月25日，德川家康召开小山评定的同时，派遣使者前去询问佐竹家的真实意图。按照德川家康的命令佐竹义宣应该在仙道口指挥进军会津，然而佐竹义宣并不在这里，这就让使者一下子感觉情况不对，家臣只好扯谎说佐竹义宣跑到太田城去看望老父亲了。在这个要紧时刻，使者自然心存疑虑，立即直言：你们是不是有意投靠上杉景胜，如果是的话，已经抵达小山的十万讨伐军将立即进攻水户。家臣吓得六神无主，急忙派快马去通知佐竹义宣。第二天佐竹义宣便匆匆赶回水户，极力否认对德川家康有反意。德川家康于是将以前安排在佐竹家内的宇喜多家旧臣花房职秀召唤过去询问佐竹家真实情况，此人过去与宇喜多秀家发生矛盾欲切腹自尽，是丰臣秀吉将他救下来送往佐竹家的。德川家康的本意是让花房职秀写一份书面文件宣告佐竹义宣并无反意，以便稳定正在小山的诸位将领情绪。从这一点我们也可以看出佐竹家的实力，其投靠方向对于东军总体的军心士气都是会产生影响的。不过花房职秀这个人向来是心直口快，直言："不能确定（佐竹义宣）就完全没有异心，人什么时候变心可不知道。"德川家康听了很不高兴道："听闻花房职秀是位武功累累的武将，今日来看不是大将之才。"

后来这位花房职秀也参与了关原之战，还立下了大功，可是德川家康只给了他备中高松的8000余石高领地便打发了。等到老来躺在病床上，职之（后改名）终于感觉后悔道："当初我要是随便写几笔，数万石高就到手了，结果照实回答反而没有。唉！真是一生的遗憾。"不过他这人很怀旧，每年都给旧日主公、被流放荒岛的宇喜多秀家送20俵（袋）米。言归正传，德川家康此时不愿立即与佐竹家为敌，因为当初佐竹义重率领的佐竹军还有一个响亮的名号，叫作"追击之

秋田县久保田城。

佐竹”，要是佐竹义宣率军从背后追杀来，将严重妨碍德川家康率东军主力回头消灭西军主力之战略。德川家康采取的策略是装作不知道佐竹义宣的反意，于28日又派遣岛田利政作为使者去再次催促佐竹义宣讨伐上杉家，还承诺战胜之后将上杉景胜的领地都交给他。同时提出要他将弟弟义广、贞隆或者亲妹作为人质交给德川家。佐竹义宣对此的回答是：“内府大人（德川家康）应该是代表秀赖公东征的。以前我就按照太阁殿下的命令将母亲妻子作为人质送往伏见了，为什么现在还要再出人质呢。万一有变，妻子被斩了我也不恨。”总之事已至此，佐竹义宣也只能采取静观其变的态度，看着上杉军与最上、伊达联军对战，同时继续与石田三成保持联络。不过石田三成于8月10日写的书信成为佐竹义宣收到的最后一封来自西军方面的信，其中内容不过是西军已经攻克伏见、正在攻略东军各个城池，从这封信上自然无法判断东、西军谁胜谁负。

8月25日佐竹义宣率领军队回到水户城，向德川家康派遣的使者解释违背命令，撤退回城的理由，同时派遣300名援军给正在围攻真田家上田城的德川秀忠军队。此时，佐竹义宣仍是采取两面兼顾的策略，但德川家康也顾不得他了。关原之战决出胜负的消息传来后，佐竹义宣派遣使者向德川家康、德川秀忠表示祝贺，随后亲自去向德川家康谢罪，请求原谅。德川家康将佐竹家的处分事宜放置了一段时间，1602年才将其转封出羽土崎凑城（原属秋田实季），石高从54万降低至15万左右，不久之后佐竹义宣重新营造久保田城（今秋田县秋田市）作为本城。之后佐竹义宣与上杉景胜协同参加了大坂之役，击败木村重成及后藤基次的部队，重新取得德川家康的信任（大坂冬之阵12名获得幕府感状者中5名来自佐竹军）。进入江户时代，佐竹义宣将久保田城下町治理得相当繁荣，数十年后久保田藩的石高提高至45万左右，也就是说差不多将关原之战后的损失给补了回来。顺便说一句，明治初年东北各藩向新政府举起反旗的时候，久保田藩很快就投靠了新政府，虽然遭到东北同盟军的围攻却坚守成功，史称“秋田战争”。佐竹家终于做出了正确的决策，还趁机向德川家报了仇。

至此，笔者先将上文已讲述过的关原之战败方，西军代表性将领的失败模式做一个小结：以石田三成、大谷吉继、安国寺惠琼为首的西军真正决策层，在其认为最合适的时机起事，争取到尽可能多的西国大名加入战团之后，因其各种先天性的缺陷，如东方的盟友上杉景胜实际不作为、石田三成本人树敌过多导致武将派纷纷投入德川家康帐下等原因，最终只能选择在关原与东军一决胜负，最后败于东军。以上杉家为代表的西军将领们则高估了石田三成集团的实力，参与制定的打击德川家康的战略计划，缺乏可行性，最终导致战败，上杉家也因此遭到

吉川广家画像。

处罚。以佐竹家为代表的小头目参加者，连制定大战略计划的资格也没有，因为偶然的原因（如佐竹义宣与石田三成关系亲密）而参加战团，虽然在战术上也曾有“白河口夹击德川军”这样的机会出现，但最终还是眼睁睁看着大势远去，战后也遭到处分。关原之战有趣的地方在于，除以上模式之外还有一种特殊存在，代表即为毛利家。名义上，由安国寺惠琼说服前来参战的毛利辉元被敬为西军统帅，然而他本人既没有权力做出真正的战略决策，关原之战时也不在现场。他所带来的毛利军团也被吉川广家所阻挡，连带还让更靠后的长束正家、长宗我部盛亲军团动弹不得，使得一度占据关原战斗优势的西军，因小早川秀秋的叛变而突然崩溃，根本没有出手的毛利军团一看大势已去就自主溃逃。毛利家将其家族内部的明争暗斗带到大坂，带到关原战场上，与前3种模式不同，毛利辉元更像是来观战的，而且将其在战国乱世中打拼百年才获得的威名一朝丢尽。

1600年，毛利辉元47岁，他在19岁时（1571年）便接替去世的祖父，“战国第一智将”毛利元就而成为家主，继位之后强化领内统治（例如压服防府天满宫大宫司家），1591年开始修筑自大坂往西，日本最大的城池广岛城，并将广岛建设成为堪与大坂媲美的工商繁华之地。在成败转头空的战国时代，如此年纪轻轻就接受庞大基业，从军事、内政两方面将基业继续扩大繁荣的人才，其实是很少有的。毛利辉元因此成为丰臣秀吉托孤的五大老之一，他自己也认为自身权力应该与德川家康平等，但事实上处处受其打压，因此安国寺惠琼、石田三成说服他来参战以向德川家康进行报复是不费吹灰之力的。7月16日，毛利辉元率领毛利水军数百艘舰船浩浩荡荡抵达大坂入口木津川，将德川家康留在大坂城西之丸的佐野纲正赶出去，随即宣布西之丸成为西军大本营，同时发布“内府罪状十三条”，向德川家康宣战。这份宣战文件由两位大老毛利辉元、宇喜多秀家，三位奉行前田玄以、增田长盛、长束正家签署后传檄全日本。我们可以看出这份文件存在的问题：西军方面有三位大老即毛利辉元、宇喜多秀家、上杉景胜，但上杉景胜的签名不可能在此时拿到，所以只有两位大老签名，这还说得过去。然而，除去投靠德川家康的浅野长政，留下的奉行三人签名，作为实际主导者的石田三成却不能签名，原因很简单，石田三成树敌过多，他要是签名，那投靠德川家康的大名就更多了！

于是就产生了另外一个问题：如果西军名义统帅注定不能是实际最高指挥者石田三成，但为什么是毛利辉元，而不是由丰臣秀赖亲自担当，以丰臣家名分去打击东军？如此一来，或许关原战场上许多丰臣系东军将领会踌躇不前，而不是看到石田三成在领军就愤怒地冲杀过去。对此史家有各种不同的解释，也许在背后操纵年幼的丰臣秀赖的淀夫人看来，这场大战是大大名中排名第二的毛利辉元打算将排名第一的德川家康掀下宝座，那么此时就不宜让丰臣秀赖作为统帅站在毛利辉元身边为其声援助威，造成战后毛利辉元与德川家康一样尾大不掉。淀夫人做事有些许短浅，而毛利辉元看不出其中利害，对于坐镇大坂西之丸，号令天下的感觉却很入迷。不过在旁人看来更加不能理解的是：毛利辉元在西之丸呼喊要严惩德川家康，其分家首脑、智囊吉川广家提前两天从出云富田城来到大坂之后，却到处向人游说不能与德川家康对抗！

吉川广家是吉川元春第三子，1587年成为吉川家主，作为毛利辉元帐下头号大将，讨伐丰前、肥后一揆并出征朝鲜，获封出云、隐岐12万石高领地。而安国寺惠琼早在1568年便效忠于毛利家，并以安国寺住持身份成为毛利家的外交僧，与丰臣秀吉、石田三成的关系都很好。然而吉川广家之父吉川元春却很讨厌丰臣秀吉，吉川广家本人在丰臣秀吉攻略九州时与武将派中的加藤清正等结下友谊，与德川家康帐下神原康政等关系也不错。吉川广家与安国寺惠琼之间的矛盾，完全就是丰臣政权武将派和文官派矛盾的翻版，甚至于这种矛盾发展至不可弥补的场所也是一样的：朝鲜。据说侵朝时安国寺惠琼将吉川广家在蔚山之战中的优秀表现隐瞒不报、却反告其违反军令，从此以后两人势同水火。吉川广家来到大坂城后，立即向所有人一针见血地指出：你们要与德川家康对战，首先需要有能打败德川家康的大将。当年德川家康只拥有3国领地之时，便将数倍于其兵力的太阁大军打败（即小牧·长久手之战），今日德川家康率领关东诸将再加上原太阁帐下几乎所有能打的武将，其麾下大军从质和量方面都强于你们，而西军诸将既无能力，也无充分准备，想战胜德川家康简直痴人说梦。再者，毛利家统领10国之地已足够子孙享受，勿起争雄天下之心，这是故主元就公的遗训。对于吉川广家提出的这些理由安国寺惠琼根本无法反驳，只能以“如今盟约已成不能违背，否则毛利辉元毫无脸面”这样的理由加以搪塞。吉川广家于是继续质问：说起盟约，内府殿下与毛利辉元殿下也曾经交换过誓书，约定两家要相互合作绝不背叛，那就不算了吗？安国寺惠琼沉默以对。

这场毛利家内部争执正在进行的过程中，没有跟随毛利辉元进入西之丸的数位毛利家家臣益田元祥、熊谷元直等人已经向神原康政、本多正信等德川家康帐

歌川芳虎画作立花宗茂像。

下将领写信，大意就是这次安国寺惠琼出征会津至近江附近，不知是何缘故中途会见了石田三成等人后便返回大坂，这事是他自作主张而不是我家主公叫他回来的，我们都对他这个举动莫名其妙。我家主公知道了这事一定会大吃一惊，向内府殿下寻求谅解的吧，不过由于去广岛来回路程遥远，就先由我们派遣信使通报如上……这套说辞在毛利辉元大张旗鼓进入大坂西之丸，向天下传檄德川家康罪状之后，自然也就成为一张废纸。吉川广家不但无法劝阻毛利辉元，而且被迫与毛利秀元共同率军出发，于7月19日开始围攻伏见城，至8月1日将鸟居元忠的守城部队消灭。也就在同一天，东军阵营的黑田如水（孝高）前来联络吉川广家，请求他保护大坂城内的黑田家人质，并奉劝吉川广家在德川家康率军上洛时予以策应。吉川广家趁机通过黑田如水之子黑田长政向德川家康送信，德川家康回信表示认同毛利辉元是被安国寺惠琼所蒙蔽，同时暗示吉川广家只要协助东军获得胜利，可保毛利家平安无事。众所周知，德川家康将同属毛利辉元一族的小早川秀秋也争取过去了。

吉川广家一边与德川家康联络一边做出服从命令的假象。8月26日，吉川广家率军攻克安浓津城，收到增田长盛的感状。同时吉川广家报告因攻城战造成51人战死、126人负伤，部队处于疲劳状态，暗示无法去支援被福岛正则放火骚扰的赤坂。面对已经在接近的东、西两面大军，吉川广家最后一次派遣使者去劝说毛利辉元与德川家康和好，毛利辉元自然没有理他。吉川广家无奈，只得率领毛利、吉川两军团于9月7日抵达南宫山，准备即将展开的大战。到开战前一天的14日，吉川广家与福原广俊商议之后，派遣三浦传右卫门作为使者去会见黑田长政，黑田长政与福岛正则一起带着使者去亲会德川家康，讲明部署在南宫山上的毛利、吉川军团将不会下山参战，请东军不要往这个方向进攻。德川家康遂令本多忠胜、井伊直政写下保证书（长政、正则联署），保证战后毛利辉元本家领土不变。当然，这只是一张空头支票。因为此，关原之战打响后，南宫山上一片祥和，吉川广家按兵不动连带身后毛利秀元等部队也无法出动，当安国寺惠琼派使者催促时，毛利军故意拿出便携粮食吃起来，然后以“士兵们正在吃饭”为理由打发了使者。

西军主力溃败之后，被吉川广家挡住的长束正家、安国寺惠琼部队向伊势方向逃跑了，安国寺惠琼一边逃一边派使者去见吉川广家，传话道：“反正也要切腹了，我已有觉悟。”吉川广家回答道：“没必要啊，你不如丢下士兵和盔甲，就作为一个僧侣逃走不就行了。”安国寺惠琼听从劝告扔下一切逃入近江，在逃亡京都的路上被京都所带司奥平信昌（此人当年反叛武田家并固守长篠城从而导致胜赖惨败）的家臣鸟居庄左卫门抓住，与石田三成、小西行长一同在京都处死。吉川广家按照福岛正则、黑田长政的事前劝告，率军向近江方面撤去，但毛利家将要遭遇的减封处分令其哑口无言。

至于西军主帅毛利辉元，明明对方统帅德川家康已到战场上亲自指挥，他却坐镇西之丸无所事事。9月14日吉川广家从本多忠胜、井伊直政那里得到保证书，立即派遣快马将其通报给了毛利辉元。对于毛利辉元来说，这下可以放心了：德川家康获胜，毛利家领地也得到不变保证。石田三成获胜，虽然毛利军团实质没有动兵，但毛利秀元将毛利辉元旗帜插在南宫山上，义理上也算帮助了石田三成。最关键的是，一场大战无论谁胜谁负，两边都将遭受惨重的伤亡，而毛利军团毫发无损，胜利一方是不能得罪毛利辉元的。当毛利辉元还在做着美梦时，关原战场的消息传回大坂，得知整场大战竟然半日之内决出胜负，东军损伤极为有限而西军全面溃败，恐怕连下巴都惊掉了。当大津城失陷，立花宗茂逃回大坂并向毛利辉元主张立即收拾残兵准备守城战，毛利辉元却已失去一切战意，没有采取任何备战措施。其后数日毛利辉元与吉川广家、黑田长政、福岛正则来往书信，暗示德川家康履行承诺。9月21日逃亡的石田三成被逮捕。22日毛利辉元向德川家康写下顺从“誓书”，随后走出西之丸，退往木津毛利辉元宅邸。直到此时，德川家康都以“你与长政等人的联络事宜我都知道了你可安心”这类言语糊弄毛利辉元，根本没有给他领土不变的直接保证。毛利家就这样糊里糊涂结束了关原之战，其后只能接受领地减封。江户时代两百余年间每过新年之时，毛利家君臣便装模作样讨论一番今年要不要倒幕，此种积蓄长久的愤怒情绪终于在幕末时代爆发，这些都是后话了。在这里笔者倒想再举一人经历为本文收尾。

那位关原之战后回到大坂城苦劝毛利辉元守城无果的立花宗茂，在战前被石田三成临时派遣去围攻大津城，因为京极高次突然背叛西军躲入这座威胁西军后方交通线的城内。经过坚决而勇猛的战斗，9月15日即关原之战当天立花宗茂攻克大津城，留下了京极高次的性命，但参加攻城战的西军15000名左右士兵就此错过真正的决战。从大坂城出走后，立花宗茂奔回自家筑后柳河城（今福冈县柳川市）固守。黑田如水、加藤清正率领的东军一路追击迫近柳河城，佐贺锅岛直茂也起兵攻来，兵力总数达到4万。立花宗茂率领4000兵果断出击，与锅岛军连战于江上（今福冈县久留米市）、八院（今大川市），不落下风，随后回城。黑田如水于10月22日率军抵达后派出使者劝降，曾在朝鲜第二次蔚山之战中被立花宗茂拯救的加藤清正也派人苦劝，立花宗茂于是开城投降。加藤清正想收他为家臣，但立花宗茂拒绝，于是当了一段时间加藤家食客。1603年在各位好友的极力推荐下，立花宗茂终于到江户接受德川家康身边御书院番头职务（类似于近卫队长），大坂之阵时担当将军德川秀忠的军师参谋兼警卫队长，德川秀忠军团实质由其指挥。1620年，德川秀忠将立花宗茂封回柳川，领109200石高。立花宗茂在关原之战中是没有什么决策权可言的，他要么是遵守命令、要么就是尽一个武士的本分。关原之战后被减少、剥夺领地的西军败将中，能将旧领地一寸不少都拿回来，仅有立花宗茂一人做到了，不负其养父立花道雪之威名。

中、朝史料中的"关原之战"和西方作家笔下的《幕府将军》

作者/赵恺

作为中断日本历史上织田信长、丰臣秀吉所建立的“安土——桃山时代”，开创德川家族统治日本265年的“江户幕府”的发轫之役，“关原之战”在日本人眼中自然有其非凡的历史地位。那么一海之隔的朝鲜和中国又是如何看待邻国改朝换代的这番风起云涌的呢？后世日本列岛芸芸众生又按照各自的政治立场、文化背景赋予其怎样的想象呢?本文将尝试着给出答案。

看羊之录：朝鲜大儒姜沆眼中的“关原之战”

“关原之战”对日本国内的政治格局虽然产生了深远的影响，但是并未第一时间影响其外交走向。因此无论是当时统治朝鲜半岛的李氏政权，还是雄踞东亚大陆的明帝国都没有明确的“直观感受”，在其官方史料中，也均未对这场战役有太多的记述。但如果就此认定，中、朝对“关原之战”的发生，进展和结局一无所知，未免显得太过草率。

除了在类似于政府往来文件汇编的李氏朝鲜《宣祖实录》第136卷和明帝国的《神宗实录》第366卷中，我们能看到有关日本方面“关原之战”的相关记载之外，朝鲜大儒姜沆所撰写的《看羊录》也长期被视为研究“关原之战”的第一手史料。

姜沆在《看羊录》中对于自己的被俘及滞留日本期间的生活轨迹都记录得较为详细。1597年出任刑曹佐郎的姜沆负责向全罗南道前线运输补给，此后由于遭到日本军队的猛攻，朝鲜水军在“鸣梁海战”重创对手舰队前锋之后，被迫放弃全罗南道沿海地区，直接导致正在当地主持后勤工作的姜沆被指挥日本水军的藤堂高虎所俘虏。

被俘之后，姜沆起初被关押在藤堂高虎的领地伊予大洲城。但在一次失败的越狱逃亡之后，这位朝鲜儒生引起了丰臣秀吉的重视，于1598年8月，命藤堂高虎将姜沆送往伏见城关押。而正是在伏见城中，姜沆结识了公卿出身的日本儒学泰斗藤原惺窝，在两人广泛地交流有关中国朱子理学的心得体会的同时，自然也谈及到日本的历史和现状。正是通过藤原惺窝之口，姜沆初步了解了丰臣政权的基本结构和当时日本政坛的风云人物，并在被释放回国之后，写作了《看羊录》一书。

《看羊录》这个名字，不是姜沆揶揄日本举国上下皆为犬羊，而是为了表示自己如同中国汉代牧羊北海的苏武一般“留胡而节不辱”。姜沆虽然身为楚囚，

姜沆起初的关押地——伊予大洲城的复原建筑。

不得自由，但藤原惺窝身为公卿，对于日本各方豪强的情况了如指掌。因此《看羊录》一书对丰臣政府内部各方势力的情况，表述相当清楚。但也正是因为藤原惺窝天性放浪，《看羊录》中又不可避免的混入了不少令人真伪莫变的野史，其中最为著名的莫过于丰臣秀赖并非丰臣秀吉的亲生骨肉，和丰臣秀吉留下遗言要德川家康迎娶自己的遗孀——浅井茶茶：

“及至壬辰年冬，秀吉之嬖妾生男子秀赖。或云大野修理大夫者（指大野治长）得宠于秀吉，常出入卧内，潜通秀吉之嬖妾所生也。”

“家康又以秀吉之遗命，欲室秀赖之母。秀赖之母，方与大野修理等通，有身。故辞不从。家康益怒，执修理窜于关东。”

姜沆以亲历者的身份记述这些宫闱秘史，自然令其颇具可信性。后世许多日本学者据《看羊录》的相关记载，结合江户中期的逸话·见闻集——《明良洪范》中摘录的《内藤隆春书状》、日本奈良兴福寺多闻院历代院主所著之《多闻院日记》中的相关记载，认定浅井茶茶与大野治长私通以及其在丰臣秀吉死后一度将嫁与德川家康均确有其事。

当然《看羊录》真正的价值，并不在于记录了这些道听途说的绯闻轶事，更多的时候姜沆是站在一个相对中立的角度，描述出了“关原之战”前日本列岛的政治生态，其中固然有一些今天看来甚是可笑的错误，但却从另一个侧面说明了丰臣政权的不稳定性。

在《看羊录》中收录的《倭之大名》中，姜沆首先提到的是德川家康。对

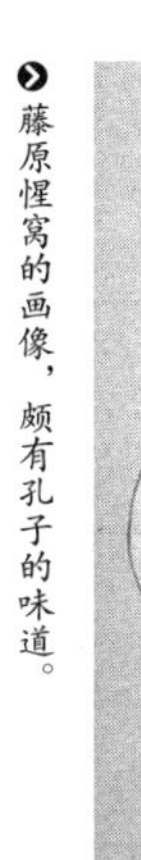

藤原惺窝的画像，颇有孔子的味道。

于德川家康的身份，姜沆给出了“关东大帅，今称内府（内大臣）”的定位，可谓是非常准确。但是对其身世却似乎不甚了了。不知道从哪里听来了德川家康是“藤原源义定十一世孙”这个说法。日本史学家阿部吉雄认为这个不存在的“源义定”或许是“新田义贞”之讹。因为长期以来德川家都以“清和源氏”的支系新田氏的后裔自居。而从年代来看，德川家康自称新田义贞第十一世孙，似乎也合情合理。但问题是德川家康在永禄九年（1566年）向朝廷请求“从五位下三河守”之时，已经因为遭到正亲町天皇的拒绝，而不得不听从时任关白的近卫前久的建议，改称是“藤原氏”子孙。当然也不排除是藤原惺窝胡乱编造了一个历史上根本不存在的“藤原源义定”充作德川家康的祖宗。

正是因为藤原惺窝在德川家康的出身问题上知之甚少，因此关于德川家康如何崛起于关东的过程，也被藤原惺窝修改为：“义定尝任关白。其子孙世居关东。食邑连延八州。其人勇悍善战。故举国莫敢争锋。及家康之身。秀吉始代信长。以家康据城不服。秀吉亲往攻之。家康以精兵万八千人逆战于相模。秀吉兵败。遂与连和。家康亦释怨归服。终身不失臣礼。”从今天的角度来看，基本上是给德川家康冠上了“后北条家”的名氏。

通过藤原惺窝之口，姜沆了解道：“家康之年时63。土地所出250万石。”这个数据与天正十七年（1589年）德川家康移封关东之时的普遍认知出入不大。但藤原惺窝告诉姜沆称“（德川家康上交的）田籍之上秀吉者虽曰250万石。而其（德川家康）自先祖父及其身所加开垦者。不在此数”，因此德川家康真正的实力“而实则倍之”，则又是在妄加猜测。真正导致德川家康的经济动员能力高于其名义石高总数的，是因为后北条氏统治关东时，施行的是“四公六民”的低税率。德川家康入主关东之后虽然名义上没有提高税率，但却采取了任命代官、开垦荒地等手段以增加石高。说他拥有“500万石”的动员力自然有所夸张，但远远超过“250万石”却应该没有太大的问题。

有趣的是，藤原惺窝对丰臣秀吉的豪爽似乎颇为推崇，宣称“秀吉攻城破敌。敌人既服。即忘雠怨。城池民社。一不侵夺。或以他邑附益之”，而对德川家康却颇有微词，认为“家康则暗行恩怨。一与反目则必置之死地而后已”。因此虽然德川家康“在秀吉生时。颇得众心。及代秀吉。始不厌倭望”，但实际上不过是“故诸酋畏力面从。而无一人心服者云”。

除了攻讦德川家康为人阴狠之外，藤原惺窝还向姜沆灌输了德川家康在继承人问题上废长立幼，日后必遭其祸的印象：“其长子三河守（指德川家康的次子结城秀康）。智勇胜于家康。而家康爱其次子江户中纳言（指德川家康的三子德川秀忠）。欲以为嗣。”客观地说，结城秀康的确有“武勇拔群”的风评，“勇胜家康”也似乎没有什么问题，但要说其拥有与其父亲比肩的政治智慧，似乎却很难成立。除此之外，姜沆不知道又从哪里听来了德川家康有一个“年甫十岁云”领有“壹岐守”的小儿子。平凡社东洋文库日译注释称此处指德川赖房，但德川赖房生于1603年。从年龄推算，此处可能是指德川家康的五子武田信吉或六子松平忠辉，但两人均无壹岐守的官阶。

借助藤原惺窝的介绍，姜沆对于与德川家康同为“五大老”的毛利辉元、前田利长、上杉景胜、宇喜多秀家的情况也颇为了解。不过由于其站在朝鲜方面的立场上，因此在叙述过程中也不免带入了许多个人情感，比如在介绍毛利辉元时，因为得知毛利辉元氏可能是来自朝鲜半岛的百济琳圣太子的后裔，因此对其颇为推崇，不仅枉顾“征朝之役”中，毛利辉元根本没有突出表现，而宣称其“壬辰之役。为元帅者也”。甚至还写下了“其风俗视倭中稍厚。性颇宽缓。多有我国人气象云”、“而斩劓我国人时。稍存矜悯之意云”。

但其实正如姜沆自己所写：“始百济亡。临政（琳圣）太子乘船入倭国。为大内左京大夫。倭人谓王为大内。故至今周防州有大内殿称号。都周防州。其子孙历四十七世。世为倭官。袭其土地。辉元之先。乃其从者也。临政之裔。为多多良氏。辉元之先。为大江氏。后改毛利辉元。临政之裔既绝。辉元之祖代袭其土”。即便真有琳圣太子东渡日本的故事，其子嗣也是大内氏，而毛利辉元氏的始祖大江却是地地道道的日本人。

与毛利辉元一样被姜沆强行视为朝鲜后裔的，还有宇喜多秀家。尽管宇喜多本姓三宅氏的确有其先祖传说为新罗·百济王子。但姜沆据此认为宇喜多秀家“壬辰之役。入京师南别宫。颇禁杀掠。多生擒我国年少男子以归”，就是因为其对故土朝鲜有几分眷念之情，多少体现了几分儒生的天真。

值得一提的是，姜沆在《倭之大名》中最为熟悉的，竟然是日后在关原之战中起到了决定性作用的小早川秀秋。这一点按照姜沆的说法，是因为：“舜首座（藤原惺窝）者尝教金吾（小早川秀秋）书。故知其为人甚详云。”但另一方面还在于小早川秀秋同父异母的哥哥木下胜俊也是喜欢和歌的风雅之人，与藤原惺窝等公卿颇有共同语言。也正如此，在姜沆看来，小早川秀秋虽然“酉之役。为元帅屯釜山”。但是不断遭到丰臣秀吉的苛责，即所谓“贼魁多以失律镌谯”，完全是因为“盖其性轻佻。喜怒无常”。因此虽然“与若州小将胜俊（木下胜俊）及始路（姬路）城主右卫大夫（木下延俊）及宫内少辅（木下利房）为四昆季（四兄弟）……不及其诸兄远甚”。

关于姜沆笔下的小早川秀秋“诸兄”，其实也都不同程度地参与了关原之战。众所周知，小早川秀秋的生父杉原孙兵卫，早在妹夫木下藤吉郎（即后来的丰臣秀吉）被织田信长任命为长滨城主开始，便与哥哥杉原家次一道为丰臣秀吉鞍前马后地奔走。天正十二年（1584年）杉原家次病逝后，杉原孙兵卫一度成为了丰臣秀吉“一门众”家臣的笔头，并改名木下家定。并随着丰臣秀吉的势力日益庞大，而逐渐成了领有姬路城25000石的一方大名。

木下家定势力有限，繁殖能力却颇为强大，在寻花问柳生下长子木下胜俊后，又与正室生下了次子利房、三子延俊、四子俊定（也有史料认为俊定非嫡出）、五子秀俊（即日后的小早川秀秋），还有俊忠、秀规和周南绍叔三个私生子。

对于苦苦求子的丰臣秀吉夫妇而言，木下家定的8个儿子都让他们非常喜爱。不仅木下胜俊、利房、延俊、俊定日后均被封为一城之主，连来路不明的木下俊忠和木下秀规也被丰臣秀吉收为“马廻众”，周南绍叔则被引入京都建仁寺为僧。当然其中最受宠的，还是一度被丰臣秀吉收为义子的木下秀俊。可惜木下秀俊最终无缘成为丰臣秀吉的继承人，在文禄四年（1595年）又过继给了小早川隆景，从此改名小早川秀秋。而此前一年，其长兄木下胜俊由于常年跟随丰臣秀吉征战的功劳，而受封若狭后濑山城81500万石的领地；二哥木下利房受封高滨城2万石；三哥木下延俊受封播磨三木郡2万石；四哥木下俊定亦受封丹波国1万石。

客观地说，小早川秀秋的这几位兄长都不能算是无能之辈，但在当时的环境之下，其有限的经济实力都不足以撬动日本列岛政治格局；相反，缺乏历练的小早川秀秋却因为“少得幸于秀吉。故得邑倍诸兄……庚子年其年甫19……土地所出99万石”。

有趣的是，姜沆站在儒家的角度，似乎并不看好近臣出身的石田三成。在《看羊录》称：“石田（三成）治部少辅者。贼魁（丰臣秀吉）之甚宠臣也。食邑在近江州。膏腴甲倭国。与增田（长盛）卫门正，浅野（长政）弹正，德善院（前田）玄以，长束（正家）大藏头等为五奉行。专执国论。”并没有将其在丰臣秀吉死后的政治失势归咎于德川家康，而是自指其赏罚不公、触犯众怒。而导火索就是著名的“福原长尧秘密报告事件”。

《看羊录》对“福原长尧秘密报告事件”的记述十分详细：“福原右马助（长尧）者。因治部以逗挠不进。尽诉诸将。阿波守（蜂须贺家政），甲斐守（黑田长政），佐渡守（藤堂高虎），（加藤）清正，主马头（早川）长政，竹中源介（重利）等。竝被谪。贼魁（丰臣秀吉）夺主马头及源介等丰后6万石之地。以赏右马助（福原长尧）。”但这其中却恰恰漏掉了对福原长尧本人身份的叙述：福原长尧出身于播磨国赤松氏，早年不过是丰臣秀吉身边的“马廻众”之一。此后外放为丰臣秀吉在播磨国封地（太阁藏入地）的“代官”。并受封但马国丰冈城2万石。福原长尧的稳步高升不仅缘于丰臣秀吉对他的信任，更因为他迎娶了石田三成的妹妹，以妹婿的身份与石田三成结成了政治同盟。在“征朝之战”的末期，福原长尧与熊谷直盛、垣见一直以“军监”的身份前往朝鲜，并参与了“蔚山之战”。

“蔚山之战”中日本军队的表现究竟如何，其实并不重要。关键的是丰臣秀吉对于前线诸将提出的放弃蔚山、顺天、梁山三城以缩短战线的建议十分不快。由此才做出了剥夺早川长政、竹中重利、毛利高政等人领地的决定。不过受到处

小早川秀秋的大哥木下胜俊，晚年归隐后以和歌为乐，号长啸子。

丰臣政权“五奉行”的笔头——浅野长政。

分的诸将不敢怀恨于丰臣秀吉，于是只能记恨于在这一事件中得利的福原长尧，并且剑指在幕后操纵一切嫌疑的石田三成。这才出现了“及（加藤）清正等尽撤还。因贼魁（丰臣秀吉）之已毙。必欲构杀右马助（福原长尧）而后已。治部（石田三成）之党亦救右马助。党与益分”。

对于由“福原长尧秘密报告事件”而引发的“石田三成府邸袭击事件”，姜沆也可谓如数家珍。并直指德川家康是与石田三成对立的所谓“七将集团”的幕后支持者：“（德川）家康与（加藤）清正及长冈越中守（细川忠兴），福岛（正则）大夫，甲斐守（黑田长政），阿波守（蜂须贺家政），佐渡守（藤堂高虎），浅野（长政）弹正父子等为一党。诸小将不可胜数。”而且姜沆的这个版本里有意撤下了没有什么存在感的池田辉政，而换上了浅野长政。将“五奉行”之间的矛盾也放大了出来。

而与日本史料中，石田三成始终处于被害者的角度不同，姜沆将“石田三成府邸袭击事件”视为德川家康与毛利辉元集团的之间的对抗：“（毛利辉元）辉元与备前中纳言（宇喜多秀家），筑前中纳言（小早川秀秋），石田治部（三成），增（田）前卫门正，常州之佐竹，奥州之（伊达）政宗及最上，出羽之（上杉）景胜，长束大藏，岛津义弘及（小西）行长等为一党。附者益众。晨夜聚谋。有同鬼蜮。”

按照姜沆的说法，在大坂及伏见一带“一日屡惊。市肆半撤”的情况之下，最终是安国寺惠琼出面说服了毛利辉元先行退让：“辉元之谋主僧安国寺（惠琼）者说辉元曰：‘关白摄政。但一人耳。人臣之富贵。莫逾于公。战欲何为。’辉元心然之。遂令安国寺往说家康。家康许之。”通过牺牲石田三成，毛利辉元与德川家康暂时达成了政治上的和解：“长束（正家）大藏者。治部（石田三成）之婚家也（事实上长束正家与石田三成并无姻亲关系）。亦说治部。使往谢家康。辉元等遂推家康为盟主。使入居伏见城。以治部权首也。质其子于家康。家康黜治部于其食邑。”

从《看羊录》的表述来看，姜沆对于日本国内各派势力的底细颇为熟稔。但是由于其离开日本之际，“关原之战”尚未打响。因此从姜沆的角度看来，石田三成和德川家康的矛盾早已调和。反而是德川氏和前田氏以及以加藤清正为首的丰臣家“武功派”之间剑拔弩张，大战一触即发：

姜沆不仅对前田利长的家世非常清楚：“有曰前田肥前守（利长）者。加贺大纳言（前田利家）之子也。”还记述了日本史料中鲜有记载的丰臣秀吉向前田利长的托孤之事：“秀吉临死，属秀赖于肥前曰：‘汝与备前中纳言（宇喜多）秀家。奉秀赖居大坂。调护诸事。汝一任之。’”丰臣秀吉临终之前喜欢到处找人托付后事是众所周知的。不过日本史料大多记录了丰臣秀吉向前田利长父亲前田利家托孤的事迹，但考虑到前田利家此时的健康状况，丰臣秀吉将希望寄托在晚辈前田利长和宇喜多秀家身上也合情合理，而此时的前田利长也有几分征雄之心，于是出现了“（前田利长）奉秀赖居大坂。势焰不下家康”的局面。

与此同时，加藤清正等“武功派”也不满德川家康的大权独揽，“（加藤）清正者。性本凶骜。故劝家康攻治部。因欲作乱。及家康与治部释憾。既不得逞其祸心。多出忿言。遂畔家康。与前田（利家）肥前守、备前中纳言（宇喜多秀家），中将（伊达）政宗，长冈越中守，黑田甲斐守，浅野弹正父子。等刺血同盟。期共灭家康而分其地。不参其谋者。惟（毛利）辉元，金吾（小早川秀秋）等五六人”。

根据姜沆的说法，加藤清正等人的计划是“己亥9月9日。家康朝秀赖于大坂。肥前（前田利长）之党豫知之。将伏兵道左以邀之。土肩勘兵（土方雄久）者请身刺家康”。可惜这一计划被石田三成获知后，直接通报给了德川家康：“石田治部（三成）者既与清正等有隙。又欲求媚于家康。潜以书告家康。”德川家康得知这一情况后，先是责问浅野长政：“初秀吉之养子关白为秀吉所杀。弹正以关白之党。被逮将死。家康力救得免。故家康以心腹待弹正。及是首问弹正。弹正已与肥前（前田利长）有盟。故匿不以告。次问卫门正（增田长盛）。答曰：“吾亦闻之。余在肥前守下。”德川家康大怒。使弹正自决。弹正曰：“秀赖虽小主也。秀赖赐吾死。吾当闻命。内府虽大班也。内府赐我死。我不可从。”

德川家康与浅野长政的这番交涉，日本史料中也多有提及。但姜沆随后却又引出了一个德川家康准备再次迎娶丰臣秀赖生母浅井茶茶的坊间逸闻：“家康又以秀吉之遗命。欲室秀赖之母。秀赖之母方与大野修理（治长）等通有身。故辞不从。”德川家康才在盛怒之下，“执修理（大野治长）窜于关东。又赐死于道中”。不过这个消息显然只是藤原惺窝等公卿传递出的宫闱野史，事实上大野治长虽然一度被德川家康流放，但并未赐死。德川家康此时真正要做的，是迅速完成对抗前田利长等人的军事部署：“家康遂令其关东诸将。塞肥前（前田利长）上倭京（京都）之路。又令石田治部少辅。截守近江州要害。”

面对德川家康的军事准备，前田利长也摆出不惜一战的姿态：“肥前守（前田利长）者亦修改城隍。为固守之计。间日托称田猎。领精兵数万。出没于越中越后等地。”尽管从军事实力来看，德川家康似乎占据优势。但姜沆却认为前田利长并非全无还手之力："倭人皆曰。使（上杉）景胜诚与肥前守（前田利家）连兵。直捣家康根本。则家康欲归救则恐清正等一时俱起。两京非己有。不归救则根本先破。腹背受敌。"可惜无论是前田利长还是上杉景胜，此时都没有破釜沉舟与德川家康决战的勇气。姜沆除了感慨"惜其钝懦也。必不能自奋发云"之外，也怀着幸灾乐祸的心情的表示："盖其势不战则和。不和则战。使和事幸而不成。则丑奴方域。将化一战场。我国之幸。岂可胜言哉。"

从姜沆的上述表述不难看出，在"关原之战"爆发前，以前田利家、加藤清正为首的丰臣政权"武功派"便已然不断向德川家康发起挑战，而以石田三成为首的丰臣政权"文治派"却始终秉承着"敌人的敌人就是朋友"的宗旨，与德川家康暗通款曲。尽管姜沆已经注意到了德川家康与毛利辉元此时已经是日本列岛的东、西两大强权："家康私邑在关东。自关东至倭京。远地则不下二十日程。近地须费十五日。辉元私邑在山阳山阴。自山阳山阴至倭京。远地则不下十五日程。近地须费七八日。倭人皆曰。自关东至倭京。家康可以米斛作陆路。自山阳山阴至倭京。辉元可以银钱作海桥。古之所谓燕赵之收藏。韩魏之经营。不能远过。其余诸倭。视两倭万万不敌。"似乎谁也不会料到，最终关原之战局势会突然发生如此巨大的逆转。

除了对丰臣秀吉死后，日本的政治格局进行了全面的介绍之外，姜沆在《看羊录》中还详细记述了日本武士阶层基于现实环境所萌生的"好战基因"："因秀吉崛起。以膂力勇悍。自致富贵。土地皆新得。部曲皆乌合。虽大如秀家，金吾。勇如清正，长冈。主将战败自裁。则其下或散或降云。尝问倭将倭卒曰。好

女真与日本交战的场景。

生而恶死。人物同此心。而日本之人。独乐死恶生何也。皆曰。日本将官。摧民利柄。一毛一发。不属于民。故不寄口于将官之家。则衣食无从出。已寄口于将官之家。则此身非我身。一名胆薄则到处不见容。佩刀不精则人类不见齿。刀枪之痕在面前。则指为勇夫而得重禄。在耳后则指为善走而见摈斥。故与其无衣食而死。不若赴敌而争死。力战实为身谋。非为主计也。盖其蛇虺之毒。虎狼之贪。阻兵安忍。嚣然好战之心。不惟得之天性。惯于耳目。而其法令又从以束缚之。赏罚又从以驱使之。故其将太半奴材。而皆能得人死力。其卒太半脆弱。而皆能向敌争死。满万不能敌者。此奴之谓也。而况于数十余万乎。天下之祸。例生于所忽。”

有鉴于日本百年战国所滋养出的武士集团在对外扩张热情，姜沆在回国之后力主朝鲜王国大力推动军事改革，将昔日防御北部中国女真族为主的国家战略调整为南北并重：“我国之防备野人（指中国东北的女真诸部）。设南北二兵使。皆以二品重秩。设西北二评事。皆以名望文官。至湖岭边将则循例而已。二品重秩。名望文官。无补于御。而其轻南重北则举此可知。窃尝以为百万野人。不敌十万倭卒。而国家之轻南重北。未知其故。谋之于心。询之于倭。则数百年前倭国法令。既与天朝及我国无异。贵家之有私奴。凡民之有私田。守宰之更递。科目之取材。大略相同。盖数千里一乐国也。而自关东将军赖朝争战以来。遂成一战国。其所谓炮手者。在前无之。只以枪剑为长技而已。退计五十年前。南蛮船一艘漂到倭中。满载炮矢及火药等物。倭人从此学放炮。倭性伶俐善学。四五十年之间。妙手遍一国。今之倭奴。非古之倭奴也。而我国之防御。又非古之防御也。则疆域之忧。不可不百倍于前日。伏愿继今以往。痛革轻南重北之弊。一以结人心壮边维。择边将修城隍。理舟楫谨烽火。训军卒修器械为务。不胜幸甚。”

隔岸观火：中、朝史料中的“关原之战”及其分析

姜沆虽然在《看羊录》中，对“关原之战”前夕的日本国内政局有着清晰的分析。但由于其在1600年4月便获释归国，因此对“关原之战”的具体情况并不清楚。但由于朝鲜王国当时被日本掳走或自愿投靠的儒生不在少数，因此在李氏朝鲜的《宣祖实录》之中记载着1601年初同样从日本归国的两位儒生：姜士俊、余进德带回的相关情报。

“宣祖”是李氏朝鲜第14代国王李昖的庙号，这位公元1567年以王室外藩“河城君”的身份继位的朝鲜国王。由于并非上一代国王“明宗”李峘的子嗣，故而从传统儒家角度来看，可谓“得位不正”，这一身份的尴尬，令李昖在即位之初毫无政治威望可言。加上此时朝鲜国内旷日持久的“东人党”（又称“岭南学派”）与“西人党”（又称“畿湖学派”）之争愈演愈烈。而外部更有北方崛起于中国东北的女真诸部和南方日本实际统治者丰臣秀吉的威胁。内外交困、自身又缺乏左右政局能力的窘境，令李昖不得不紧紧依附明帝国。

正是基于这种需要寻求外部助力的处境，令李昖在遭遇日本入侵之后，毫无心理压力地向明帝国求援。甚至在明帝国派出的外使节王通判表示“中国将一视同仁，两国（李氏朝鲜与日本）之事以和为上”时，觍着脸说：“设使以外国言之，中国父母也。我国与日本同是外国也，如子也。以言其父母之于子，则我国孝子也，日本贼子也。父母之于子，虽止于慈，岂有爱其贼子同于孝子之理乎？”

李昖这种甘当孝子贤孙的“无耻嘴脸”，在2015年韩国拍摄古装历史剧《惩毖录》中更被借用来揶揄当今的美韩关系，当有大臣以明帝国将可能接管朝鲜军队的指挥权，甚至干涉朝鲜王国内政为由，希望拒绝向明帝国求援之时，由金泰佑扮演的李昖义正辞严地反驳道：“明帝国不是我们的上国吗？受上国指挥有什么错？”一时让众人哑口无言。

韩国古装历史剧《惩毖录》的海报，左边为金相中扮演的朝鲜名臣柳如龙，右面为金泰佑扮演的李昖。

在明帝国的全力支援之下，中朝联军历时7年最终击败了日本方面的入侵。但是这场被朝鲜方面称为“壬辰卫国战争”的军事胜利，既未以双方签署停战协议而告终，也未彻底摧毁日本再度发动战争的能力。因此朝鲜王国不仅将其前仅作为临时机构的“备边司”，升级为负责军国机务的中央文武合议机构，更不断强化对日本的情报收集工作，避免再被对方打个措手不及。而“关原之战”前后，由于日本国内政局动荡，因此各方大名此前入侵朝鲜期间劫掠回国的大批朝鲜民众之中，不断有人趁机逃回故乡。而正是通过这些从日本逃回的同胞口中，朝鲜王国大致了解了“关原之战”的情况。

被掳走河东校生姜士俊、余进德等招：

大概贼情，则自丙申，天殃频及，地震太甚，公私家舍，无数破颓，至于山陵川泽之移裂，民物犬马之压山，不能尽记也。①

戊戌（1598年）八月十八日，丰臣秀吉病死，遗言其嬖奴石田治部②与增田右门丞③、长束太藏丞④三者，曰：“汝须辅佐弱儿（丰臣）秀赖，勿负予言。”又令内府（德川）家康者“关东此三十三州，惟汝可镇，亦可保弱儿”云。次教中纳言（毛利）辉元者曰“关西南三十余州，汝可为酋，须怜我托孤之悯，谨保后事”云。

同年冬，（加藤）清正及甲斐守⑤等深恶石田治部卿在秀吉生时用事薄己之事，阿附家康、放逐石田治部卿于江州（近江国）“佐祐城”⑥，而己亥年（1599年）夏，家康又放逐秀赖乳父“莳田肥前州”⑦于加州（加贺国）。因自

注①
此处应指1596年9月1日到5日，连续发生的庆长伊予大地震、庆长丰后大地震以及庆长伏见大地震。

注②
指石田三成。

注③
指增田长盛。

注④
指长束正家。

注⑤
指黑田长政。

注⑥
原文如此，应为佐和山城。

注⑦
原文如此，此处应指前田利长。

入伏见城。同年九月，托以问安秀赖又自入秀赖所居大坂城，仍为雄据，专擅军国庶事。上下离心，有中纳言（上杉）景胜者、领三州将、也在东北隅，深恽家康背秀吉，始有不附之意，家康再三招致，终不归服。

庚子（1600年）九月，家康率五六万兵驰到其本领越州能登地，乃遣其孽子三河守[①]领兵五六万为先锋，往攻景胜。七战五败，更不得下手之际。石田治部等恶家康负秀吉而擅掌国事，而慕辉元有兵权而温柔，大小[②]共劝辉元乘虚入城，仍以增田右门丞为副，留丰臣秀赖之居，而石田治部卿领备前州中纳言平秀家（宇喜多秀家）、小西行长、萨摩岛主岛津（义弘）等军四五万兵为中路兵，往阵于尾州、浓州境大垣城。长束大藏丞及安国寺（惠琼）两者为群总。领辉元养子艺州宰相（毛利）秀元及龙藏寺[③]、云州侍从等军四万三千为右路兵，往伊势州，陷破津城[④]及松坞城[⑤]以附家康之故，也移兵浓州关原，大田刑部卿[⑥]令山

注①
此处指结城秀康。

注②
联系下文，此处应该指大谷吉继。

注③
原文如此，应为龙造寺高房。

注④
原文如此，应该为大津城。

注⑤
原文如此，应该为松阪城。

注⑥
原文如此，指山口宗永，官位为玄蕃头。

注⑦
原文如此，应该为大谷吉继。

注⑧
原文如此，应该指前田利长。

注⑨
指小早川秀秋。

注⑩
指吉川广家。

注⑪
指大谷吉继。

口玄蕃守[7]等军七千为左路兵，拒战于越后州家康同谋—倭莳田前州守[8]，兵追逐。而三路兵合阵于浓州关原，以待家康之来。

而家康闻辉元已入大坂城、举兵拒战之言，领亲附八万余兵，昼夜驰至浓州之青原，于时有黑田甲斐守素知辉元之婿筑前中纳言[9]及辉元从弟云州侍从者[10]，内有不肯附辉元之意，潜言家康，家康即令甲斐守乃使反间，筑前州中纳言等甘听其言，因约以“九月十四日整齐精骑、出其不意，则我辈阳为三路前锋，而反冲关原”云。家康果如其言，筑前中纳言等亦如其约。

日夜连战关原，三路之兵大败退北，秀家、大小刑部卿[11]等皆战死，其余皆溃散。家康乘胜长驱至近江州势多桥，招语云州侍从者曰“汝从兄辉元开城自退，则可免其死”云。辉元误信其诈，弃城恸退于津。同月二十七日，家康再入秀赖城中，追捕增田右门丞等叛已者十余人，齐令刳腹授首，而又捉石田治

毛利辉元昔日居住的安艺国吉田郡山城的遗址。

朝鲜王国的《宣祖实录》中关于“关原之战”的记述。

部卿、平行长[①]、安国三者以徇都市、枭首于京东桥头，且恸辉元曰："汝罪当死，然以汝爱妾及子（毛利）秀就为质则可免。"辉元如其言，家康既受其质，又夺辉元食邑八州中六州，而恸使为僧也。

景胜兵势大炽，在其邻贼酋来附者几至六、七人，而（德川）家康之孽子三河守[②]亦背其父合景胜，而景胜待其雪消长驱云云，此乃家康之大忧也，又有土佐侍从者[③]在南京路不附家康，且萨摩侍从岛津者乃辉元之党也，家康十月之间乃令其孙婿（加藤）清正[④]为将，领四万余兵，往战岛津，四合皆败，退兵建和，而岛津不肯，故时未决和也。风闻岛津治兵船七十余只，声言入唐[⑤]云，贼情未可逆料。愁岛津方与家康相持待变，必欲据家康之来，假称入唐也。"

从上述文字不难看出：朝鲜王国所得到的情报主要来自从日本逃回，名叫姜士俊和余进德的两位朝鲜儒生。从其叙述中尚不知晓长宗我部盛亲、岛津义弘和上杉景胜最终均向德川家康表示臣服，还在幻想"上杉景胜待其雪消长驱"、"家康十月之间乃令其孙从清正为将，领四万余兵，往战岛津，四合皆败，退兵建和"来看，其从日本逃回的时间在1600年的12月中旬到1601年2月之间。

因为在1600年12月17日，德川家康由于忌惮岛津家仍保有的上万精兵，以及担心在九州地区爆发长期拉锯战，将打破当地的政治平衡，从而命令由黑田孝高[⑥]、加藤清正、锅岛直茂三家组成的3万兵马暂时脱离与岛津家的接触。而在1601年2月，德川家康便已经通过结城秀康和丰光寺的"外交僧"西笑承兑与上杉景胜实现了停火。1601年7月，上杉景胜接受重臣本庄繁长和千坂景亲的主张，以觐见丰臣秀赖的名义前往大坂，并于8月8日在结城秀康的陪伴下，前往伏见城拜见德川家康。而从

注①
指小西行长。

注②
指结城秀康。

注③
指长宗我部盛亲。

注④
此处指加藤清正于1599年迎娶德川家康的养女水野[illegible]。

注⑤
指明帝国。

注⑥
即黑田官兵卫。

这个时间节点来看，逃离日本的姜士俊、余进德可谓是第一时间为朝鲜王国带来了关于“关原之战”的相关情报。那么他的描述与现实是否相符呢？

应该说，尽管姜士俊、余进德的描述之中许多具体情节上与史实相差很大，其中一些地名和人名虽然可能由于翻译或记忆错失等原因出现了疏漏。但从总体来看却仍完整而准确地讲述了“关原之战”的前因和后果，甚至还叙述了诸多在当时的日本都不为人所知的政治细节以及西军方面完备的军事决策、战略意图。令人不得不怀疑这个被掳往日本的朝鲜儒生，又是从哪里得到的这些情报呢？

尽管朝鲜史料之中并未给出姜士俊、余进德两人的生平资料和在日本期间的遭遇，但我们仍能够通过他们的叙述大致拼凑出他们的人生轨迹，并由此尝试着去发现他们对“关原之战”有着如许深入了解的真正原因。

无论是袭扰中、朝海岸的倭寇，还是丰臣秀吉发动的侵朝战争，日本方面都曾大量地掳掠和裹挟当地百姓。不过即便是其中最受重视的能工巧匠，在被带来日本本土之后，也不过是囚居于陋室之中，劳作在工坊之间，所接触的也不过是贩夫走卒、工匠学徒，不仅根本无从了解到如此之多的政治内幕，甚至连德川家康、毛利辉元这些权倾朝野的名字都无从得知。

因此姜士俊、余进德很可能并非是被掳往日本，而是在丰臣秀吉发动的侵朝战争之中，或主动、或被动的选择卖国投敌。可惜最终日军在朝鲜半岛全线溃败，沦为“朝奸”的姜士俊、余进德为了躲避自己同胞的清算，也只能跟着逃往日本。由于两人出身“河东校生”，因此接受过系统的儒家教育，即便没有丰富

利辉元的嫡子毛利秀就于1601年前往江户觐见德川家康，并从1603年开始在江户居住。

的从政经验、也深谙权力游戏的原理和规则。因此抵达日本之后，虽然已经失去了作为引路人的价值，但仍不失为一个合格的幕僚，并受到一位在“关原之战”中隶属于西军阵营的大名庇护。

而仔细分析姜士俊、余进德叙述“关原之战”的角度，不难看出其虽然站在西军的立场，却称石田三成、增田长盛、长束正家等人为“嬖奴”，似乎并非“五奉行”一党。而其对宇喜多秀家、小西行长、岛津义弘等人也并没有太多的介绍。而是始终聚焦在以毛利辉元为首的一干毛利家武将的身上。

丰臣秀吉临终之时由于对幼子丰臣秀赖太过挂念，的确有过分别向“五奉行”和“五大老”等人的托孤之举。但日本方面的史料记述之中多以丰臣秀吉与石田三成、前田利家、德川家康等人互动为主。唯独姜士俊、余进德记录了丰臣秀吉对毛利辉元的嘱托。而有趣的是，在两人的口中，丰臣秀吉除了向德川家康和毛利辉元托付幼子丰臣秀赖，还划分了两家的势力范围。

从日本总计63国的政治版图上来看，丰臣秀吉交给德川家康所谓的“关东三十三州”，远远超出了其所领有的关东七国：相模、伊豆、武藏、上野、下野、下总、上总的势力范围，而是囊括了整个大坂以东的所有日本领土。与之相对应的嘱托毛利辉元的“关西南三十余州”，也不限毛利辉元氏所领有的安艺、周防、长门、备后、出云、石见、隐岐七国，而是几乎将大坂以西全数交给毛利辉元管理。

已经病入膏肓的丰臣秀吉，是否会在弥留之际做出 “德川家康、毛利辉元平分日本”的政治安排？仅凭姜士俊、余进德的一家之言显然孤证难立。但是至少从他个人所接受的信息来看，似乎他所依附的西军大名是这样认定的。也正是基于这一立场，姜士俊、余进德眼中的“关原之战”，便不再发轫于以石田三成为首的“文治派”和以福岛正则、加藤清正为首的“武功派”的对立，或以浅野宁宁为首的“尾张派”和以浅井茶茶为首的“近江派”的纠葛，而是以毛利辉元为首的西日本与德川家康为首的东日本之间的矛盾。

可能由于主要信息源来自毛利辉元氏内部的关系，姜士俊、余进德口中的“关原之战”除了必要之处罗列了石田三成、宇喜多秀家、小西行长、大谷吉继等人的名字之外，几乎未对其主要事迹进行任何描述。相反对于毛利辉元氏内部诸将的亲属关系和在战役中所发挥作用，却有详细的记载。

如毛利秀元为毛利辉元的养子，人称“（安）艺州（国）宰相”；小早川秀秋的正室毛利古满姬为毛利辉元的养女；吉川广家为毛利辉元的族弟等情况。即便是在当时的日本，许多中下层的武士都未必清楚，而姜士俊、余进德两人却知悉。而小早川秀秋和吉川广家受到了黑田长政策反一事，前者倒戈相向，后者勒

战国时期，日本沿海大名均大力扶植名为"水军"的海盗集团。

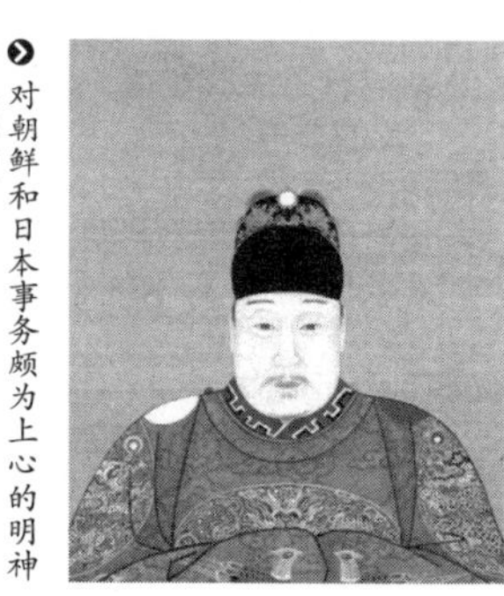

对朝鲜和日本事务颇为上心的明神宗朱翊钧。

兵不战，以及"关原之战"后德川家康通过吉川广家向毛利辉元谈判，诱使对方退出大坂城，其后又减封毛利辉元氏的领土、逼迫毛利辉元将嫡子毛利秀就作为人质送往江户居住等情况。今天早已众所周知，但余进德却可以在关原之战结束不到半年的时间之内，便了解的一清二楚、并将之传播到朝鲜半岛，更可见其在"关原之战"的当时可能身处于西军高层决策圈的外围。

如此一来，我们似乎也就可以理解为什么姜士俊、余进德会在"关原之战"结束后，逃离日本，重返朝鲜？因为其所从属的"西军"毛利家，此刻已经被德川家康削减了大半的封地。许多世代为毛利家服务的日本武士都不得不面临被遣散的困境。何况是他这样一个家族外人。当然如果贸然回去，即便不被朝鲜王国追究昔日卖国求荣的劣迹，在没有任何进身之资的情况下重回归土，等待他的也将是穷苦潦倒的生活。而恰在此时，同样在"关原之战"中错误站在了"西军"行列的对马岛领主宗义智，为了躲避德川家康的问责，也急于利用改善日朝邦交来证明自身价值。

按照姜士俊、余进德的说法，他们之所以回国，是因为"对马岛主平义智①，漏听我等之思归，欲凭请成，即议于家康。家康乃许，因裁请和书"。也就是说是对马岛当地领主力主将其二人作为特使送回的。而为了表明自己始终站在自己祖国的立场之上，姜士俊、余进德还宣称，他们曾义正辞严地驳斥了宗义智，称："前者背恩忘德，请兵入寇，今虽欲和，我朝必不许矣。"

可惜朝鲜王国对姜士俊、余进德两人并不信任，在《宣祖实录》中该条的相关批注是这样写的："姜士俊等之招，虽不可尽信，而从后逃归人之所招，大概

注①
原文如此，应为宗义智。

一样，则不可谓虚为不实，而天道祸淫之理，亦不可诬也，故备录之。”言下之意，自然并不算以其二人作为日、朝外交的突破口，不过是将其招供作为一个情报来源而已。

朝鲜王国最为关心的，还是姜士俊、余进德带来的岛津家为了躲避德川家康的军事打击，扬言要率领由70艘战船组成的船队，进攻明帝国的情报。尽管对于这一情报，姜士俊、余进德本人都认为可信度不高：“愁岛津方与家康相持待变，必欲据家康之来，假称入唐也。”但事实上岛津家在“关原之战”后与德川家的相持过程中，的确放出一旦形势不利，将率部西征大明暂避的风声，依附于岛津的九州南部“水军”也攻击了2艘隶属于德川家的商船。如果德川与岛津两家的矛盾继续升级，很难说不会对东亚邻国造成影响。

对于姜士俊、余进德等人带回的情报，朝鲜王国方面应该进行了一番整理和汇总。并最终于万历二十九年（1601年）12月以书面汇报的形式，向明帝国方面进行了通报。于是在明帝国的《神宗实录》中，才出现了“十二月甲子朔，朝鲜国王李昖奏：对马岛倭求款。先是，朝鲜人余进德等自日本脱归，言倭酋平秀吉将死，令其将家康领东北三十三州、辉元领西南三十三州，协辅其幼子秀赖。倭将景胜据关东以叛，家康悉兵往击景胜；辉元与行长等诸将入大坂城，合力拒家康。家康攻破辉元，尽诛行长等诸将。倭国内乱，对马岛主平义智及其将平调信悉遣降人还朝鲜，遗书乞和，且阳言家康将运粮18万石为军兴费以胁朝鲜。朝鲜与对马岛一水相望，对马岛地并山冈不产五谷，资食米于朝鲜；兵兴后绝开市，百计胁款。秀吉死，我师尽撤；朝鲜畏倭滋甚，其与倭通款久矣；又惧以通倭开罪为我也，使陪臣来请命”的记录。

综合朝鲜方面的奏报，不难发现其对于姜士俊、余进德所提供的“关原之战”的情报，进行了最大限度的缩减。之所以出现这样的情况，除了考虑到“天朝上国”没有闲暇听取这类消息，还有明帝国除了在朝鲜战场上交过手的小西行长、加藤清正之外，对于石田三成、大谷吉继等丰臣政权重臣均无直观印象。因此才隐去了“关原之战”的前因后果，直接以“家康攻破辉元，尽诛行长等诸将”进行了概括。

当然朝鲜王国此番奏报的重点，还在于通知明帝国方面其有意对马岛方面重开朝、日贸易的相关外交事宜。对此明帝国兵部方面给出的建议是：“倭与朝鲜款事，未可悬断。总督万世德熟知倭情、职在经略，宜令酌议以闻。”明神宗朱翊钧虽然从万历十四年（1586年）开始便由于各种原因，沉湎酒色、怠于政事，但对朝鲜和日本的事务却颇为上心，当即批准了兵部的建议，命令时任蓟辽总督的万世德给出相关意见。

万世德，字伯修，是山西偏关县人士，据说是跟随中山王徐达南征北战的大将万杰之后。不过传到万世德这一代，家中早已没有了世袭武职。万世德早年当过几年捕头，但不甘于人下，在一番发奋图强的“淬志读书”之后，终于在公元1570年和1571年连续两科高中，以进士身份外派南阳县令，从此开始了自己的仕途。《明史》中说万世德“生有膂力，擅骑射，又长于边陲，习地方要害防御机宜”，因此很快被提拔为兵部侍郎，不久又调任西宁兵备道。

兵备道本是明帝国在边疆及各省要冲地区设置的整饬兵备的后勤机关，并不直接参与前线作战。但万世德到任之后，却“遇敌入寇，躬擐甲胄，率将士御之”结果“五战皆捷”，从此一战成名。“万历援朝之役”打响之后，明帝国于天津设立前敌指挥部，万世德被举荐为“督察院右佥都御史”，专门负责海防事务。1597年受命辅佐兵部尚书兼蓟辽总督邢玠前往朝鲜前线参战。

尽管《明史》之中关于万世德指挥大将董一元等人“直逼釜山，生擒及斩获倭大将平正成等五名，杀倭大将军平义智，擒斩真倭兵二千四百四十八人，焚倭舟七百余只”的战绩记录未必可靠。但万世德在朝鲜亲自参与了作战行动，并在日本军队撤退之后，仍与李亟勋率兵3000驻戍朝鲜却是不争的事实。而在万历二十九年（1601年）时，万世德刚刚于1年前从朝鲜撤回，对于朝鲜王国和日本方面的情况颇为了解。明帝国兵部提议由其“酌议以闻”，倒也算是对症下药。

万世德毕竟在朝鲜待过很长一段时间，深知朝鲜与日本仅一衣带水，且在经济上存在强烈互补性，很难长期保持对立的状态，因此回复称：“不过对马一岛寻盟请成，非关日本复仇雪耻。”可惜这一相对正确的建议却遭到兵科给事中孙善继的驳斥，孙善继表示：“此实畴昔之故智，固不可以区区一岛之倭而易视

万斯同的《明史稿》中有关丰臣政权的内容。

者。设中国以此缓朝鲜，朝鲜复以此自缓，恐互相推诿、坐失事机，其究必至于两误。宜责成该国自谋自强，勿得借口请裁，往返渎奏！”言下之意是“严防死守、对日斗争这根弦一刻也不能松懈”。

好在明帝国的兵部不都是孙善继这样的莽夫，随即给出了“在朝鲜，惟当计讲款之可、不可，而不当计中国之许、不许；在中国，惟当问防海之备、不备，而不当问朝鲜之款、不款”。摆出了一副“负责任的地区大国”、“不干涉别国内政”的政治姿态。

1601 年至1604 年间，通过对马藩主，日本向朝鲜送还了在丰臣秀吉侵略朝鲜战争中强掳到日本的1702 名朝鲜人。被送回的朝鲜人中,有很多原本在朝廷中具有发言权的饱学儒士。他们回国后向朝廷说明德川家康与丰臣秀吉不同,德川家康有恢复邻交的意向。这样，朝鲜政府于1604 年8 月,派遣僧人松雪大师惟政和孙文为使节赴日,探听日木方面的真伪。尽管朝鲜方面当时仍把赴日使节称为“探贼使”，但终究是迈出了朝、日复交的第一步。

为了改善与明帝国的关系，1602年四月加藤清正也将此前掠走的王寅兴等87名中国人，“授以船只、资以米豆并倭书二封与通事王天佑送还中国”。不过明帝国并不领情，兵部对此事的批复是：“闽海首当日本之冲，而奸宄时构内讧之衅；自朝鲜发难挫衄而归，图逞之志未尝一日忘。今迹近恭顺，而其情实难凭信；与其过而信之，宁过而防之。除通事王天佑行该省抚按径自处分、王寅兴等听发原籍安插及将倭书送内阁兵科备照外，请移文福建巡抚衙门亟整搠舟师，保固内地；仍严督将士侦探，不容疏懈。”

正是由于明帝国长期对日本保持着敌对的姿态，中国民间知识分子对日本国内的政治局势知之甚少。明末清初，浙江鄞县人万斯同以其博通诸史，尤熟明代掌故为资本，前后19年写成了500卷的《明史稿》。但其中对邻国日本的政治生态却是不甚了解。因此在其书写的《明史稿·日本传》对“丰臣政权”和“关原之战”的描写都颇为潦草：

有关白平秀吉之乱，详见《朝鲜传》。秀吉太清平盛家奴，以败鱼醉卧树下，遇旧关白信长出猎，欲杀之，秀吉口辩，留令养马，名曰木下人，因助信长计夺二十余州，会信长为参谋阿奇支[①]刺死，秀吉统信长兵诛阿奇支，遂居关白之位，诱六十六州分为二关白，曰相板西、曰赤门，各船数千只，后逐废倭王山城

注①
指明智光秀。

说出“西军必胜”而被自己学生鄙视的梅克尔。

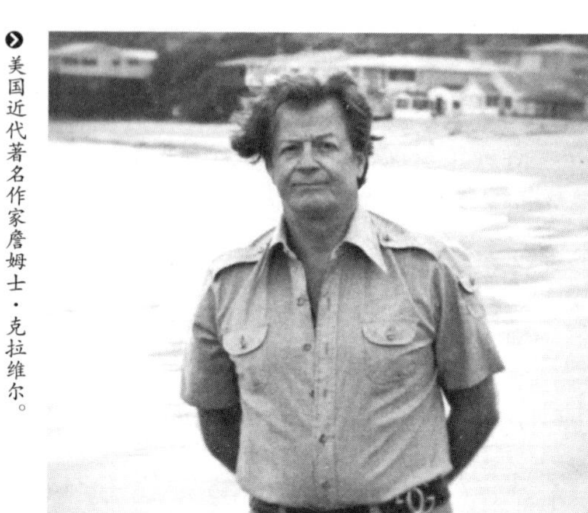
美国近代著名作家詹姆士·克拉维尔。

君，自号“大阁王”[①]，改元文禄，以养子孙七郎为关白。

“关白”如汉大将军、“大阁”为国王，上又有“天王”，自开关以来传至今。不与国事，惟世享供奉而已。每年元旦，王率大臣一谒天王，他时并不相接。

秀吉筑城四座，名曰“聚快乐院”[②]，内盖楼、间九层、桩黄金，下隔房百余间，将民间美女拘留淫乐，尝东西游卧，令人不知。

秀吉死，遗孤秀赖甫七岁，娶巨首源家康孙女，家康辅之……家康死，传子秀忠，称新关白……四十三年，秀忠以兵三十万攻秀赖于大坂，秀赖败之，保内城。秀忠掘地道放火，秀赖败死。

对于今天熟悉日本历史的读者而言，万斯同的这段描写可谓似是而非，令人忍俊不禁。但在几个世纪之前，这位中国民间的历史学家能够通过收集民间交流、口口相传的点滴信息，拼凑出一副“丰臣政权”衰亡到“江户幕府”崛起的全过程已属难能可贵。可惜的是，就是这些点滴的资料，最终也被主持编修《明史》的清政府重臣张廷玉所删除。以至于后人读到的《明史》之中，只剩下“秀吉死，诸倭扬帆尽归，朝鲜患亦平。然自关白侵东国，前后七载，丧师数十万糜饷数百万，中朝与朝鲜迄无胜算。至关白死，兵祸始休，诸倭亦皆退守岛巢，东南稍有安枕之日矣。秀吉凡再传而亡”，如此简单的叙述了。

注①
原文如此，应为太阁。

注②
原文如此，指聚乐第。

西军必胜：西方世界对“关原之战”的错误解读

作为日本的邻国，中国和朝鲜都对“关原之战”的情况不甚了解。那么西方世界自然更对这场决定日本命运的决战，知之甚少了。1885年，为了跟上时代的步伐，明治维新后的日本政府聘请了当时代表世界先进水平的德国陆军现役军官前来执教。对于日本方面多次热情的邀请，德国政府却是敷衍了事，最终挑选了擅长战史研究、却缺乏实战经验的少校——克莱门·梅克尔（Klemens Wilhelm Jacob Meckel，1842—1905年）。而梅克尔少校本人也对位于远东的这个无名小国兴趣索然，甚至一度表示自己只打算在日本待一年。

梅克尔少校抵达日本之后的执教生涯也谈不上愉快，他刚一出现在日本陆军大学，其秃顶长须的造型就招来了“涩柿大叔”的外号。面对学员的嘲弄，梅克尔少校也随即反唇相讥，公然在课堂上表示：“（自己）只需一个德国步兵军的兵力，便可以轻松击溃日本全国陆军（自分がドイツ軍師団を率いれば、日本軍など楽に撃破出来る）。”如此气焰嚣张的言论，随即引来了学生们的反弹。尽管最终这场“纠纷”，以学生“刺头”根津一被勒令退学而化解。但是恶劣的“师生关系”却并未得到根本的改善，最终产生了著名的笑话——“西军必胜”（この戦いは西軍の勝ちである）。

据说有一次在为学员讲课的过程中，梅克尔少校被临时要求讲解一次日本历史上著名的会战。梅克尔少校虽然以战史见长，但显然对日本的历史缺乏研究。他大略地看了一下沙盘上两军的布阵和兵力对比，便凭着多年的经验，草率的发表于占据战场西侧笹尾山、松尾山，呈“鹤翼阵”展开的“西军”必胜的论断。

梅克尔少校的这一论断随即成了日本学员的笑柄，因为这场“决定日本天下的会战”的结果早已家喻户晓。不过梅克尔少校这次“老猫烧须”，并非是其基本功不过关。而是因为他并不清楚1600年关原会战前后的日本列岛政局，恰如其同胞克劳塞维茨所言：“战争无非是政治通过另一种手段的继续。”

如果说梅克尔少校的错误是“无心之失”，那么美国作家詹姆士·克拉维尔（James Clavell，1921—1994年），在其1975年所撰写的小说《幕府将军》（Shōgun）却是有意识的提高了与德川家康为敌的石田三成等人的政治号召力和军事实力。

由于詹姆士·克拉维尔出生于英国，在加入美国国籍之前，曾在英国皇家炮兵中服役，并在太平洋战争初期于马来亚战场被日本陆军俘虏，因此他的第一部

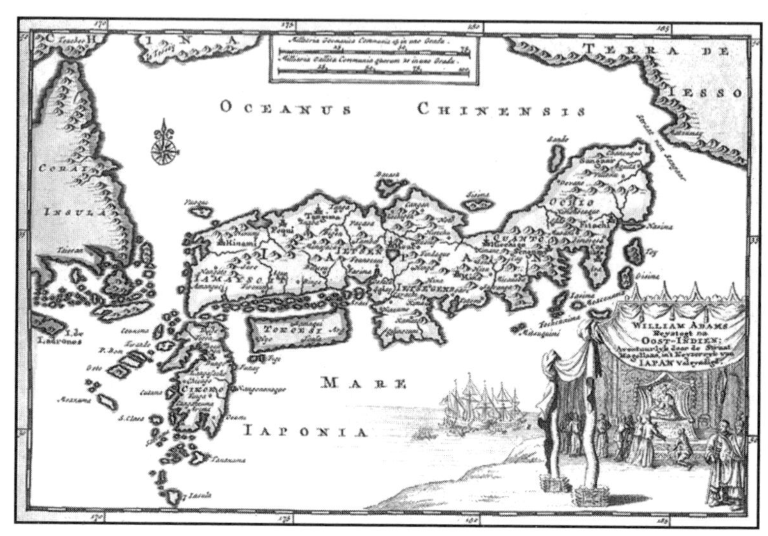

西方画家于1707年根据威廉·亚当斯之行绘制的日本地图，右下角为威廉·亚当斯觐见德川家康的想象图。

日本浮世绘中的明智玉子。

小说《鼠王》（King Rat），便是以其在战俘营的生活为背景。从今天的视角来看，《鼠王》可谓是一部超现实主义的讽刺小说。故事讲述一个被称为“鼠王”的英军军官，通过饲养老鼠供同僚食用，进而编织成一个战俘营地下黑市网络，最后甚至将看守战俘营的日本军官也拉下了水。故事中的“鼠王”表面上极端自私。但通过和日军守卫交易，换取了珍贵的抗生素挽救了很多身染重病的同僚生命。亦正亦邪的主角设定，加上迎合了当时英美社会“二战伤痕文学”的热潮，令小说《鼠王》推出之后便大受欢迎，并很快被搬上了银幕。有趣的是这部电影日后再引进国内之际，却被译为《黑狱枭雄》。

《鼠王》的成功令詹姆士·克拉维尔声名鹊起，随即又推出了以英国商人舒狄克（也译作史杜）在香港的海盗及商业活动为背景的冒险小说《大班》（Tai-Pan）。站在国人的角度来看，小说《大班》的笔触之间充斥着白人至上的扭曲世界观和对中国文化的狭隘理解。因此当1987年这部小说被翻拍成电影，并邀请中国女影星陈冲出演舒狄克的中国情人“梅梅”（May-May）之际，随即招来了一片口诛笔伐。

不过国人对《大班》的声讨，并没有影响詹姆士·克拉维尔对亚洲题材的热情。1975年他又推出了以16世纪末抵达日本的英国航海家威廉·亚当斯（William Adams，1564—1620年）在日本生活经历为原型的小说《幕府将军》（Shōgun）。客观地说，詹姆士·克拉维尔在《幕府将军》一书，对江户幕府前期的日本充斥着野蛮和落后的想象，其笔尖之下的恶意更有甚于前作《大班》，但国人在翻译引进之时，却宣称“对照《幕府将军》，无论在了解和尊敬任一方面来看，他（詹姆士·克拉维尔）对中国的认识和感情，都要远逊于对日本的认识和感情”。

在小说《幕府将军》的剧情之中，主人公布莱克松，奉命加入一个荷兰远洋船队，为了寻找被西班牙人所垄断的前往中国和日本的航路。而冒险穿过印度洋上风暴区域，最终船队被冲散，布莱克松带着他的船只继续向东北航行，直到发现了陆地并且搁浅。而其搁浅的地方，正是日本的伊豆半岛，布莱克松和他的荷兰船员们都被当地居民所捕获，并献给领主三岛的大名樫木矢生。

从真实的历史上来看，当时的伊豆半岛掌握在德川家康的同父异母弟内藤信成的手中。而布莱克松的历史原型威廉·亚当斯所乘坐的“博爱”号虽然的确在太平洋上遭到了风暴的袭击，但最终搁浅的地点，却是在九州东北部丰后国的黑岛（今天隶属于大分县的臼杵市）。并为当地领主太田一出所搭救。

客观地说，无论是内藤信成还是太田一出，都不可能做出如小说中樫木矢生那般“将一个十几岁的（荷兰）少年放在开水锅里煮了一夜，而自己在月光下边倾听惨呼和临死前的呻吟边饮酒，以感悟人生的羯磨”的残忍举动来。事实上在搭救了威廉·亚当斯一行人之后，太田一出迅速统治了时任“长崎奉行”的寺泽广高。寺泽广高在请示了大坂方面之后，随即做出了收缴船上武器，并将相关人员暂时收监的决定。而真正要求立即将威廉·亚当斯处以死刑的，恰恰是当时常驻于日本的西班牙“耶稣会”传教士。

小说《幕府将军》之中，当布莱克松正处在死亡的边缘，关东最大的领主、东八州的统治者、五人摄政会议（五大佬）的首席摄政蓑原家族的誉志寅永（指德川家康），派人把他从矢生手里要了过来。寅永非常重视被西国大名所垄断的南蛮贸易，希望通过布莱克松可以有所作为。

事实上德川家康的确在1600年5月12日，接见了威廉·亚当斯等人。虽然在西班牙传教士的强烈要求之下，他选择继续将威廉·亚当斯等人收押，但不久便将移送江户。正是在江户城中，威廉·亚当斯正式收到了德川家康希望招揽其为家臣的挽留。

小说《幕府将军》之中，大致重现了德川家康与威廉·亚当斯的这些互动。但处于欧洲人自诩浪漫的天性。詹姆士·克拉维尔其中安插了一个名为“茉莉子”的日本女性角色。按照詹姆士·克拉维尔的设定，“茉莉子”是一个聪明、美丽的基督徒，精通拉丁文。在与布莱克松的接触之中，茉莉子向布莱克松说明了自己的身世。她本姓明智，父亲明智仁斋（指明智光秀）是统一天下的黑田（隐射织田信长）老爷麾下大将。但是黑田老爷实在太过残暴了，无法自处的父亲终于发动了叛乱……作为明智的女儿，她给夫家户田氏带来了不祥和耻辱，她被丈夫虐待，被天下人嘲笑，只有寅永大人看得清她真正的价值。从上述设定，不难看出，这位“茉莉子”的原型应该是明智光秀的女儿明智玉子，其夫家户田即为细川家的影射。

历史上的明智玉子的确接受了天主教的信仰，并一度为自己取了一个“伽罗奢”（Gratia）的教名，但其身为名门贵妇，又怎么可能抛头露面。其与丈夫细川忠兴更是感情甚笃，所谓“布莱克松努力向茉莉子学习日本的语言和文化，两人在长时间的接触中，竟然产生了本不应该产生的爱情”云云，自认也不过是作者一厢情愿的幻想而已。

小说《幕府将军》之中，借助“茉莉子”之口大致介绍了“本能寺之变”之后的日本政局变迁：她（茉莉子）的公公户田广松（指细川藤孝，但事实上细川藤孝在明智光秀和丰臣秀吉之间始终首鼠两端，最终不得不出家隐居），最终决定站在起兵讨伐叛贼明智、为故主报仇的中村将军（指丰臣秀吉）一边。中村将军在杀死明智以后，很快重新平定了天下，成为人人敬仰如神的太阁。太阁已经去世了，大坂城中的弥右卫门幼主（指丰臣秀赖），由五人摄政会共同辅佐。在摄政会中，誉志寅永（指德川家康）和石堂和成（指石田三成）的矛盾日益突出。

按照欧美小说家将白人男主强行介入亚洲历史的一贯套路，布莱克松逐渐变成了寅永身边的红人，但随之产生的，却是来自于各个不同阵营的诡计谋害：西班牙传教士和航海士，为了垄断南蛮贸易而要置其于死地；石堂和成禀着本身对欧洲人的仇视和太阁过去屠杀南蛮人之政策，几次想取其性命；茉莉子的丈夫，因为察觉到妻子的不忠而对其拔刀相向；樫木矢生的侄子近江，因为心爱的艺姬阿菊被寅永赐给了布莱克松，而提出决斗的要求……

当然上述这些明枪暗箭，布莱克松凭借他的机智（主角光环）和所掌握（日本人所不懂）的知识，均一一化解。并最终被誉志寅永赐名安信，收为俸禄三千石的旗本，拥有了自己的百余名家臣。而在真实的历史之中，威廉·亚当斯的确被德川家康收为旗本武士，但食禄仅为250石。毕竟食禄3000石，在当时的德川家中已经是相当于谱代家臣的级别了。何况而即便按照小说中3000石的封地计算，也远远不足以支撑其百余家臣的开销。

按照欧美小说的基本结构，位高权重的白人男主自然要面对是否要和自己不爱的女人结婚，手握改天换地神器的他要在小说中各派势力中如何取舍等问题。《幕府将军》自然也不能免俗，詹姆士·克拉维尔笔下易名为誉志寅永的德川家康非要塞给男主布莱克松一个叫“菊子”的女人，布莱克松训练的新式火枪队，也成了改变日本战争模式的关键云云。同样根据“升官发财死情人”的一贯套路，被作者强行芳心暗许男主的“茉莉子”自然命不久矣。

不过詹姆士·克拉维尔在处理“茉莉子”的结局之时，倒是尊重了历史：改名为石堂和成的石田三成的确在“关原之战”前夕地区准备将身在大坂的诸大名妻小扣为人质，以取得对誉志寅永（德川家康）压倒性的军事和政治优势，茉莉子却用自己的死亡，击破了他的这一计划。而真实的历史之中，1600年8月15日为了避免为石田三成所俘虏，成为挟持丈夫的人质，明智玉子壮烈地在家中自焚。

但本应在小说《幕府将军》中扮演剧终高潮的“关原之战”，却被詹姆士·克拉维尔选择了一笔带过：那年10月21日拂晓，石堂（石田三成）的主力部队在横跨大北道（北陆道）的中仙道（中山道）附近的山区与誉志寅永（德川家康）的军队。当时，天气恶劣，始而浓雾弥漫，继而雨雪纷飞，不到傍晚时分，寅永就大获全胜。接着一场大屠杀开始了，四万个人头落地。3天后，石堂被生擒活捉，（寅永）把他用铁链锁住，押送到大坂游街示众。他命令贱民把石堂埋在土里，只让他的头露在上面，让过路人用竹锯去锯这个曾经显赫一时的人物的颈项，石堂就这样熬了3天，最后断气身亡。

熟悉日本历史的读者自然不难看出，詹姆士·克拉维尔不仅在小说中夸大了“关原之战”的伤亡情况一般认为“关原之战”东、西两军的合计伤亡为1.2万到4.2万之间，但小说《幕府将军》却是在暗示东军屠杀西军超过4万人。更将本应当场斩首的石田三成，处以残酷的锯刑。而除了这些细节上的错误之外，小说《幕府将军》倒是借着誉志寅永之口，对“关原之战”前德川家康的战略决策给出了自己的一番独到理解：

他（德川家康）想，主要战斗应该靠近首都[①]。向北绕过歧隼[②]或者小柿[③]，绕过大北道（北陆道），就在山里一个村庄附近，那里的路就向南转向京都。若我守在我的崇山峻岭后面[④]，几年都可保平安无事。但这是我长期寻找的机会：石堂（石田三成）的腹部要地空虚了。

我（德川家康）主要进攻路线将沿着北路（北陆道、中山道），而不是沿海岸的东海道。在进击途中，我要假装经常改变计划。我兄弟[⑤]将会和我一道奔驰跋涉……在交战中，木山[⑥]会倒戈，我想他会的。如果真的倒戈了，他就会攻打他的仇敌大野[⑦]。那将意味着攻击的开始。在混战中，我将袭击他们军队的侧翼，战而胜之。

尽管这段描写由于人物和地名均加以了改写，令人读来有种云里雾里的感觉。但仔细分析之下，却不难看出詹姆士·克拉维尔是认为德川家康将主力部队交给德川秀忠指挥，从北陆道和中山道直扑近畿的计划，是一开始便设计好的奇袭之策，绝非是所谓的战略失算。

对于德川家康战后的政治运作，詹姆士·克拉维尔也同样以誉志寅永内心独白的方式进行了诠释：一旦我获胜……落叶（小说指浅井茶茶）和世子（小说中指

注①
指大坂。

注②
应该指歧阜城。

注③
当指飞驒山区。

注④
指关东地区。

注⑤
指结城秀康和德川秀忠。

注⑥
指小早川秀秋。

注⑦
指大谷吉继。

丰臣秀赖）将威严地掌握着大坂朝廷。我们时时将在他们面前朝拜，在大坂城堡外继续以他的名义掌权执政。过几年，天皇陛下就会请我去解散摄政会。在我甥儿（因为德川家康迎娶了丰臣秀吉的妹妹“朝日姬”，故而丰臣秀赖是其外甥）未成年的几年里，我将成为幕府将军……同时把注意力死死盯住大坂城堡。我会继续耐心地等待，总有一天，里面那两个篡权者就会犯错误，那时他们就将覆灭，大坂城堡也将会毁灭。真是“梦中有梦”。这场“大的角逐”从我懂事起就已开始，其奖赏是在太阁死后才成为可能的，我将获得、赢得幕府将军的头衔。

作为当时美国为数不多的日本历史题材小说，总体来说《幕府将军》在人物塑造和剧情设置上均属上乘之作。但对于并未接受过系统历史教育，也对日本历史缺乏研究的詹姆士·克拉维尔而言，要完整还原“关原之战”前后的日本政治体系显然也过于苛刻了。而由于小说中所设计的历史人物，名字全部进行修改和替代。故而也不妨将其视为一部美国人以现实日本为背景的架空历史小说来看待。

1980年《幕府将军》由美国全国广播公司（NBC）拍摄成电视连续剧。由于剧中启用当时日本国宝级男星三船敏郎饰演“誉志寅永”，堪称盛世美颜的岛田阳子饰演“茉莉子”。因此1980年9月15日在美国播出之后，很快便在日本投放了剪辑为125分钟的电影版，并在次年3月30日开始，电视剧版在日本国内电视荧幕上连续播映，引发了日本国内持续的热烈反响。当然鉴于当时的美日关系，日本官方媒体在报道中并未提及《幕府将军》存在辱日的问题，反而为美国人能够关注日本历史而击节叫好。

小谈关原之战中德川家康的制胜之因

作者/伊势早苗

日本江户幕府的初代幕府将军德川家康的一生充满了传奇。

从幼年开始，德川家康的人生似乎就一直在为后期的发力做准备，于乱世之中，从一介人质开始，最终成为统一日本的丰臣政权中的重要人物。而在其人生的最后15年间，德川家康相继经历了关原之战、开幕建府、大坂冬之阵、大坂夏之阵，为后来的江户幕府盛世打下了牢固的基础。而这一切，都得从江户幕府开幕前的关原之战说起，这也是德川家争夺天下的关键之战，可以说，关原之战的胜败，改变了日本历史的整个走向。

太阁之死至丰臣政权分裂

庆长三年（1598年）8月18日，统一了日本的前关白“太阁”丰臣秀吉在伏见城病逝。草莽出身的丰臣秀吉，先是跟随前主公织田信长的步伐统一了日本，在成为“天下人”以后，丰臣秀吉为了实现自己的野心，贸然出兵侵略朝鲜，引发了“文禄·庆长之役”（朝鲜方称为“壬辰倭乱”，中国习惯称“万历朝鲜之役”）。

丰臣秀吉死前，大部分侵朝日军还陷在朝鲜与明朝联军的战争之中，但是已经自知不久于人世的丰臣秀吉，还是将巩固丰臣政权摆在了第一位，让五大老与五奉行递交了宣誓效忠于丰臣秀赖的誓书，随后又单独召来前田利家与德川家康交代后事。8月10日开始，丰臣秀吉陷入了昏迷，最终在18日凌晨撒手西去。此时的丰臣秀赖年仅6岁，还属于不谙世事的年纪，从后来的结果来看，丰臣秀吉之死确实是丰臣政权崩溃的开始。

8月25日，德川家康同前田利家一边隐瞒丰臣秀吉的死讯，一边以四大老的名义开始给在朝鲜的诸将发去了撤军的命令（此时第五位大老上杉景胜已经回到自己的领地），日本的军队已经陷在这场非正义的侵略战争中太久了，在收到自家乡发来的“太阁殿下病情好转，命诸将从朝鲜撤退”的命令，不禁纷纷松了一口气。

然而，明朝联军显然不会放任侵略者如此轻松地离去，10月1日，明军将领董一元联合朝鲜军队，向着名将岛津义弘防守的泗川城发起攻击。泗川城三面临水，本已危在旦夕，但明军军营内的大炮突然走火崩裂，导致明军阵脚大乱，明军骑兵以为兵败，率先脱离战场，董一元也不得不对泗川城撤围。而岛津义弘则对国声称此战大胜，斩首三万八千余，并且不知道丰臣秀吉已死的岛津义弘还将部分死者的鼻子割下，放在盐水里送回国献给丰臣秀吉。同时，顺天城的小西行长、蔚山的加藤清正也突破了明军的防线，开始全线撤军。11月

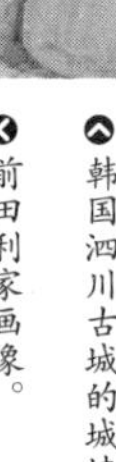

⌃韩国泗川古城的城墙。

‹前田利家画像。

19日，明朝联军为了阻击撤退的敌人，在露梁的海上与日军展开大战，日军在受到明朝水军的攻击后伤亡惨重，狼狈逃走，然而明朝联军也付出了代价，邓子龙、李舜臣等将领阵亡。

庆长四年（1599年）1月，诸将前往伏见城朝贺，见到前田利家怀抱丰臣秀赖坐在正席，便知晓丰臣秀吉已经逝世。此时前田利家等人才将丰臣秀吉的死讯公诸于天下，并且按照丰臣秀吉的遗言，前田利家与丰臣秀赖、淀殿（丰臣秀赖生母）入驻大坂城，负责辅佐丰臣秀赖，直至其15岁。德川家康则按照丰臣秀吉遗命在伏见城协助处理政务。是年，丰臣秀赖7岁，淀殿33岁，德川家康58岁，前田利家则是63岁。

然而，令谁也没想到的是，丰臣政权中唯一能与德川家康抗衡的前田利家在当年3月3日于大坂城的宅邸内匆匆病逝，丰臣秀吉死前制定的“五大老·五奉行”制度被彻底打破。借着前田利家之死作为契机，加藤清正、黑田长政、福岛正则、细川忠兴、加藤嘉明、池田辉政、浅野幸长七将密谋要除掉石田三成。

加藤清正等人作为丰臣政权中的武功派大名，同石田三成等人水火不容，在朝鲜作战时就与在日本国内的石田三成结有宿怨。前一年从朝鲜撤军之时，石田三成在博多迎接诸将，建议诸将直接前往伏见城休息，来年再设置茶会犒劳大家。加藤清正却当着诸将的面对着石田三成大声嚷嚷道：“你们还有工夫举办茶会？我在朝鲜7年，无茶无酒，稗粥倒是有一些，你们要不要尝尝？”

七将欲趁石田三成出门时袭击他之事被通风报信给了石田三成，石田三成便在家内避而不出，同石田三成交好的大名佐竹义宣立即前往大坂城拜谒丰臣秀赖并趁机求情，而后又让石田三成乔装打扮成妇人逃往伏见城，石田三成在伏见城的宅邸与宇喜多秀家相邻，石田三成便毁掉了中间的墙壁，让宇喜多秀家更方便救援自己。安排完一切后，佐竹义宣又前往德川家康处请求德川家康保护石田三成。就在佐竹义宣离开后，怒气冲冲的七武将也来到德川家康处，请求德川家康帮忙消灭掉躲藏在伏见城的石田三成。

德川家康随即召集了家内的众臣讨论此事，本多正信向德川家康建议保护石田三成，因为虽然石田三成是己方的敌人，但是毕竟还是五奉行之一，要是因私怨杀死石田三成，肯定会有亲近石田三成的大名请求诛杀七将，到时候将陷入两难的局面：要是处罚七将，则必然引起更多人的不满，但要是不处罚七将，又会留人口实，说内府大人厌恶石田三成，所以才杀死他，而七将同内府大人亲近，因此才不被处罚。要是留人口实，有可能导致日后出现针对德川家的动乱，不如暂时保下石田三成，让丰臣家政权内部先乱起来，德川家只需坐收渔翁之利。

德川家康认为本多正信言之有理，便遣使以一副大义凛然的样子通告七将：太阁殿下尸骨未寒，嗣君年幼，你们不要以私怨兴兵。但是七将对石田三成的仇恨明显高于“太阁殿下尸骨未寒、嗣君年幼”，便拒不罢兵。德川家康见状又写信给七将说：你们要是不念及嗣君年幼，执意兴兵的话，我将同石田三成一起与尔等决战。七将一看内府大人即将发怒，不敢造次，便只得罢兵回府。

在劝退诸将之后，德川家康又找来了石田三成，将天下动乱的祸根推在石田三成身上，劝说其辞退奉行职位。德川家康还信誓旦旦地保证，只要石田三成辞

位于爱知县的纪念加藤清正之“清正公社”，传说清正的少年时代（是个非常调皮的“熊孩子”）就在这里度过。

职返回居城隐居，天下必定可以安稳无事，而石田三成的儿子则可以跟随德川家康左右，待其年长以后，继承石田三成的奉行职位。

石田三成深知德川家康必定会篡夺丰臣家的天下，这时候他就得当仁不让地站到台前来维护丰臣家，于是他先去找与交情不错的五大老之一的上杉景胜，劝说道："等我回到佐和山城后，只要上杉景胜公在今年秋天返回领内，整军备战不来朝觐，到时候德川内府必定会率领诸将东进讨伐会津。到时候我与宇喜多秀家公、毛利辉元公等人在西边结盟，于领国内大举征兵出阵，先控制住东征诸将的家属。他德川老贼纵使诡计多端，一旦前后受敌，便也是插翅难逃。况且诸将士不可能弃父母妻儿不顾仍然追随他，到时东征诸将要么进入会津城与上杉家结盟，要么就西归，只要征伐会津的大军一散，德川家康纵使三头六臂，也只能向我等屈膝求和。"

上杉景胜早就因为德川家康的做派对他感到不满，况且上杉家原本拥有室町时代"关东管领"的大义名分，统治诸国便是德川家康现在领有的关东领地，即便是在战国时代，上杉家由长尾氏继承后也是牢牢掌握着北陆的越后越中等分国，可如今却被丰臣秀吉转封到了东北的会津领，自然是有很多不满。要是德川家康被减封甚至除封，身为五大老之一的上杉家不管怎么样也能分到一杯羹的。因此上杉景胜便立即与石田三成约定好举兵之事。

与上杉景胜商量完毕后，石田三成便找来了家老岛左近，满脸得意地同岛左近说起了这件事，可岛左近越听脸色越难看，连连说不可。

“主公啊，福岛、加藤七将想谋取主公性命，而德川内府却竭力帮助我主，这本就是一件很诡异的事情。现在德川内府居心叵测，您要是听从他的意思返回佐和山城，在半路上被追杀怎么办？到时候只怕是后悔莫及，眼下主公的兵力少说也有1万人以上，不如留1千人在佐和山城防守，将剩下的9千多人分为4队，1队1千人交给我，2千交给舞兵库殿下，3千交给蒲生氏乡殿下，而主公自己率领剩下的3千多人。到时候主公先在浅野长政等宅放火，我同舞兵库殿下攻向德川内府所在的向岛，德川内府必定会让手下军队防御，而自己逃往东国领地。要是德川内府从大和路逃走，我们就在宇治川追上他和他决战，要是他往山科走，则让蒲生氏乡殿下率军追击，必不让内府召来更多军队。大坂城内要是有人忠于德川内府，事出仓促，必定来不及召集军队。等他们召集到军队时，我等恐怕早已生擒德川内府，到时候我军士气正旺，他们一定不敢轻举妄动，这才是制胜之道啊。”

岛左近是战国时代从死人堆里摸爬滚打过来的老将，一席话将石田三成说得愣住了，待岛左近说完，石田三成才支支吾吾地回答道：“你说得很有道理，可是……我已经同上杉家还有佐竹家约定先听从内府的命令返回佐和山城，随后再举兵了。”

岛左近听完，无可奈何，只得先同石田三成返回佐和山城。因为担心诸将对石田三成怨念太重而打乱自己的部署，德川家康特意让自己的次子结城秀康率军护卫石田三成返回佐和山城。

德川家康入住大坂城

在这段时间内，德川家康也没闲着，他先是调和了水野家的父子关系，拉拢水野家；又在井伊直政的协助下，将锅岛直茂等将拉拢到了自己的身边。而黑田长政也十分殷勤地主动找堀尾吉晴等奉行，说德川内府大人现在居住在向岛，要在伏见城办公十分不便，不如直接住进伏见城主城内，这样一来方便许多，二来可以坐镇京畿，保护大坂城。

堀尾吉晴、浅野长政、前田玄以都认为此计可行，3人又找了五大老中的上杉景胜、宇喜多秀家商量，二者也没有异议；而增田长盛、长束正家等人纵使有异议，迫于德川家康的淫威也不敢当面提出。4月13日，德川家康就这样如愿以偿地入住了伏见城。此时的日本，已经有人将德川家康称为“天下殿”了。

当年4月18日，朝廷下旨敕封丰臣秀吉为“丰国大明神”，主要原因还是丰臣秀吉死前给自己留下的祠号是“八幡大菩萨”，朝廷认为丰臣秀吉相貌奇异，担当不起菩萨的名号，遂由公卿们自行取名为“丰国大明神”。既显示了对丰臣秀吉的尊崇，又避免了玷污神仙菩萨。

到了7月，德川家康说当初奔赴朝鲜战场的诸将都十分辛苦，要是太阁大人尚在，肯定会封赏诸将，但是如今丰臣秀赖殿下年幼，不如让诸将先行返回许久没回的领国内休养生息，来年再来大坂城奉公。

因为在大坂城奉公开销不小，前往朝鲜战场的诸将在朝鲜也投入了很多钱作为军费，因此家中财力都是捉襟见肘，十分困难。现在得到德川家康的指令，前往朝鲜战场的诸将便都纷纷返回领国。上杉景胜虽然没有前往朝鲜，但是此时也借口说领地刚转封会津不久，很多政务来不及处理，领地内还很混乱，请求返回领地。而前田利胜也说自己想返回领国，将父亲生前没来得及推行的善政在领地内推行。此时宇喜多秀家、毛利辉元已经归国，京畿内只剩下三个大老，德川家康自然也希望剩下的两个大老回国，便都同意了他们的请求。而其他的将领中，黑田官兵卫代替儿子返回了九州岛丰前的领地，加藤清正也返回了九州肥后的领地，细川忠兴则返回丹后。

9月7日，德川家康前往大坂城办公，故意居住在石田三成先前的屋子里。结果这天晚上，长束正家、增田长盛偷偷前来面见德川家康，对他说道：“加贺中纳言前田利胜想要图谋内府大人的性命。他们想在9月9日重阳节内府大人前往拜见丰臣秀赖少主时，让浅野长政捉住内府大人，再让土方雄久、大野治长趁机斩杀内府大人。”

丰臣秀吉画像。

浅野长政画像。

德川家康得知此事后，便连夜找来了家臣们商议。本多正信建议德川家康称病不出，不要进入大坂城，然后召集伏见城的军队前来大坂城护卫，以防有变。井伊直政、神原康政、本多忠胜却不同意本多正信的提议，他们认为浅野长政不敢出手，不用顾虑，可以直接登城。德川家康思前想后，决定两方意见各听一半，在8日凌晨先是下令召集伏见城的军队，9日再前往大坂城主城参见丰臣秀赖。

9月9日，结城秀康率领着3千余人从伏见城赶到了大坂城，德川家康随后便前往大坂城觐见丰臣秀赖，而井伊直政等家臣则跟随在他身边。进入大坂城时，遭到守卫阻拦，称禁止带士兵入城，但是德川家康和手下的家臣们则不管不顾，直接进入城内。

井伊直政、本多忠胜、神原康政等12名武将跟随德川家康进入大坂城大堂之后，对城内的人以及丰臣秀赖等人说道："有传闻说有人要谋害我家主公，因此我等才执意护卫至此。"因此德川家康面见丰臣秀赖之时，他的家臣们便全副武装地坐在屏风外面，其嚣张跋扈可见一斑。见到德川家臣来势汹汹，浅野长政只得借口生病躲了起来。

辞别丰臣秀赖时，德川家康路过大坂城的内厨，看到了一个巨大的"大坂大纸灯"，德川家康开口说："我等关东来的乡下人可从没见过这种东西呀。"听了德川家康的话后，酒井忠利便招呼在内厨外的德川家家臣们进厨房围观，丝毫不顾及什么礼节。

9月26日，丰臣秀吉的正室夫人高台院，即北政所宁宁从大坂城西之丸迁出，前往京都居住，而德川家康随后则立即搬入西之丸居住。北政所宁宁令人捉摸不透的行为，让当时的局势更加动荡起来。10月5日，德川家康找来了长束正家、增田长盛等人，说要定浅野长政、大野治长、土方雄久等人的罪状，因为他们想要谋害身为丰臣家五大老之一的自己，并且声称不日就要讨伐在加贺的前田利胜。

德川家康此时在大坂城可以说是绝对的权威，长束正家、增田长盛也不敢否定，便流放大野治长到下野国的结城；流放土方雄久到常陆国的大田；同时罢黜浅野长政的职位，让他回领地甲斐国反省。浅野长政为了表示自己对德川家康并无敌意，不敢返回封地，反而前往了德川家康领内的武藏国隐居。此时丹羽长重也来到了大坂城的西之丸面见德川家康，说自己刚听说加贺中纳言前田利胜想要谋反，丹羽家的领地同前田家的相邻，要是内府大人讨伐前田家时，务必让丹羽家作为讨伐军的前锋。德川家康听了丹羽长重表忠心的话，十分开心地将自己的佩刀赏赐给了丹羽长重，让他先返回领地。

刚打发走丹羽长重，细川忠兴又来到了大坂城，不过细川忠兴此行不是为了请求担任先锋，而是为前田利胜求情。细川忠兴知道前田利胜此次定是被冤枉的，恐是德川家康认为前田利胜忠于丰臣家，会联合石田三成对他不利。

拿捏住德川家康心理的细川忠兴对德川家康说道："在下保证前田利胜殿下不会有反意。我曾经同前田利胜殿下说：'太阁大人逝去后，少主年幼，不足以依靠。当今能够统领天下的，只有内府大人一人，'劝他追随内府大人。而后又说：'石田三成在丰臣家也颇有威势，不然你去追随他也可以。'当时前田利胜殿下就大怒不已，说自己堂堂前田家当主，怎么可能屈居于小小的一个石田三成之下。因此，在下认为前田利胜殿下必定不会做什么不利于内府大人的事的。"

有了细川忠兴的求情，前田利胜又写信给德川家康表示自己并无二心，再托井伊直政从中斡旋，最终前田利胜把自己的母亲芳春院送到德川家康处当人质，方才解决了危机。

庆长五年（1600年）正月，德川家康同丰臣秀赖在大坂城庆祝新年，然而喜庆的庆典并不能够缓解当时紧张的局势。

二月，堀秀治派遣使者告知德川家康，上杉景胜在会津领内广修桥梁道路，建筑城池备战，恐有反意。德川家康随即派遣使者前往会津，质问上杉景胜为何在国内施行战时之法，并催促上杉景胜快快上洛，以示清白。

结果德川家康左等右等，没等来上杉景胜，反而等到了上杉家的家老直江兼续写的一封言辞傲慢的书信，惹得德川家康大怒不已，决定要讨伐上杉景胜。直江兼续写的这封信便是在日本历史界赫赫有名的"直江状"，然而近年来却有人认为直江状只是后世的好事者伪造的。

6月18日，德川家康以丰臣秀赖的名义举兵，起兵自伏见城，向东进发，讨伐上杉景胜。留守伏见城的任务交给了老将鸟居元忠，从征的将士有织田有乐斋、福岛正则、池田辉政、细川忠兴、京极高知、筒井定次、浅野幸长、山内一丰、藤堂高虎、堀尾忠氏、黑田长政、加藤嘉明等。石田三成此时却对东征表现出了极大的热情，主动请缨要求跟随大军东征。德川家康以石田三成此时是戴罪之身，不便随军为由，便下令让他儿子代替他出征。

德川家康一路东进，石田三成见调虎离山的计策得逞，便偷偷前往大坂城，面见丰臣秀赖。7月17日，石田三成还同宇喜多秀家、毛利辉元、前田玄以、增田长盛、长束正家联名上书弹劾德川家康，列举了德川家康所犯下的共13条罪状，称为《内府违禁条书》。原本准备随军出征的大谷吉继也被石田三成拦下，并最终被说服，加入了石田三成一派。

南部信直画像。

石田三成在当晚出兵大坂城，大肆捕捉随军出征将士们留在大坂城的妻女，结果造成了细川忠兴的妻子明智玉子（明智光秀之女）身死的悲剧。明智玉子不愿被捉为人质，而她本身又信仰天主教，不能够自杀，最终只得命令细川家的家臣杀死自己，随后与细川家的宅邸一同在大火中化为灰烬。随着明智玉子的死，以及反德川派石田三成等人拥立毛利辉元为主帅开始，日本即将进入两大势力的决战时刻。

东军、西军成立

在旧日本陆军参谋本部编纂的《日本战史·关原役》中，将出征会津的德川家康等武将的军队称为东军，而将石田三成等反德川派称为西军。在上一次日本分裂为东西两军的时候，就得追溯到应仁之乱了。不过此时的日本今非昔比，将德川家康同石田三成等人划分为东西军，也是后世为了方便理解而套上的“名字”。

实际上，在日本史料之中，并没有将此次交战的双方单纯地描述为东军、西军，东西两军的真正名字实际上是“德川家康主导军”以及“石田三成·毛利辉元联合军”，下文为了方便阅读，统一也称德川家康主导军为“东军”，石田三成·毛利辉元联合军为“西军”。

7月17日石田三成等人列举德川家康的罪状，19日，“石田三成·毛利辉元联合军”中的岛津义弘、小早川秀秋就包围了伏见城。值得一提的是：江户时代的军记物语中，记载了关原之战前岛津义弘寝返（倒戈）西军的逸话。说是德川家康出征会津之前，写信拜托岛津义弘前来协助防守伏见城，可是当岛津义弘前往伏见城时，京畿战火已经一触即发。留守伏见城的老将鸟居元忠不知出于何种缘故，拒绝让应邀前来的岛津义弘入城，再三僵持之后，未入城的岛津义弘被石田三成派来的使者说服，最终加入了西军。

多年来，鸟居元忠为何不让岛津义弘入城一直困扰着大家，今天我们就来揭开岛津义弘参加西军背后的真相。在当年的4月27日，岛津家刚好处理完领内的“庄内之乱”，也正因为此，这次会津征伐，德川家康没有要求岛津家随军，而是写信给岛津义弘，请求岛津义弘前来协助防守伏见城。

这本来就是一件寻常的事，伏见城不是德川家康的城池，也不是岛津义弘的城池，而是属于当时众将的主公丰臣秀赖的城池。身为丰臣家的重臣，德川家康邀请同为丰臣家下属的岛津义弘防守伏见城，是情理之中的。但是后来为什么鸟居元忠不放岛津义弘入城，就有些耐人寻味了。这里有两种说法：一是这件事压根就没有发生，岛津义弘没有请求进入伏见城，鸟居元忠也没有拒绝岛津义弘进入伏见城。至于为什么会有岛津义弘入城被拒绝的说法，大概是因为德川家统治的江户时代，身为江户幕府的西南强藩萨摩藩为了洗脱自己昔日曾与德川家康敌对的事实，而故意编造出来的；其二便是岛津义弘有入城的想法，但是鸟居元忠还是拒绝了他，原因就是岛津义弘想进城的动机不良，很有可能是想同西军里应外合。

在7月14日岛津义弘写给在萨摩的书信中显示，岛津义弘认为自己兵力不够，请求派兵增援。石田三成等人在7月12日开始准备对付德川家康，要是岛津义弘没有参与此事的话，此时他的任务只是来到东征军的后方协助防务而已，何必带太多兵马，更不用写信催家里出兵？因此笔者以为，无论有无伏见城下的逸话，岛津义弘应当是早早便加入了西军，况且西军的总大将毛利辉元，在天下还未统一时因为共同的敌人大友家而同岛津家一直有着良好的关系。

西军包围了伏见城10余日，期间小早川秀秋的兄弟木下胜俊原本是守城的一方，结果脱城出逃，前往京都依附北政所宁宁。事后也正因为此事，木下胜俊的封地被德川家康下令剥夺。

德川家康于7月22日抵达本城江户城，待24日收到石田三成举兵的消息时，征伐会津的军队才慢吞吞地行进到下野国的小山。得知消息的德川家康并没有立即告知诸将，而是下令召回了在宇都宫城的世子德川秀忠，并且在德川家内部召开了会议。

德川家康此时也在犹豫，眼下大战在即，他的情况颇有些类似“箱根·竹下之战”后的足利尊氏（箱根·竹下之战后，足利尊氏面对着地处东北的北畠显家以及占据京畿的后醍醐天皇势力，最终足利尊氏选择了无视北畠显家，举兵西进），在考虑是先攻打会津，待讨平上杉家后再举东国之兵西进，还是直接丢下上杉家不管，率军西归。

关原之战中岛津义弘部队所在地的纪念碑。

关原之战中福岛正则部队所在地纪念碑。

本多正信向德川家康建议道：“此时东征的将士家属都在大坂，我们不顾及，将士们可不会不顾及自己的家属啊。依我看，不如就慰劳诸将，让他们各自回到自己的封地，咱们德川家就据险固守关东。”

本多正信一语道破了德川家康的难处，无论是固守关东，东征，或者是西归，都要防止随军的将士们因为顾忌妻女而生叛变之心，与其成天人心惶惶，倒不如尽快将诸将遣返回国，这样还不至于失了人心。

德川家康最终还是决定先看东征诸将的表现，次日（也就是7月25日），德川家康在小山城召集了东征的诸将，召开了赫赫有名的“小山评定”会议。

在小山评定中，德川家康也不隐瞒实情，对东征诸将说出了石田三成、毛利辉元等人在京畿举兵之事，并且还说诸将士的妻女都在大坂，虽然此时身在我军军中，但是心系京畿也是人之常情，要是有人想依附石田三成，就请速速西归，绝不挽留。德川家康话音刚落，福岛正则就一跃而起大骂道：“要我西归接受石田三成这奸贼的指挥来对付内府大人，对我来说简直是奇耻大辱。在下只想效忠嗣君丰臣秀赖，愿意追随内府大人讨伐奸贼。”

黑田长政也看准时机出来表忠心说：“我等抛妻弃子追随内府大人东征，怎么会中途变卦而去依附逆贼呢？我看不如先放弃讨伐上杉景胜，回师京畿讨伐逆贼石田三成吧。”细川忠兴、加藤嘉明等人听了，也连连点头表示同意黑田长政的观点。

德川家康得到了自己想要的结果，十分满意，便决定先回师京畿。东军派遣了池田辉政、福岛正则两将作为前锋，先向西进入福岛正则的居城位于尾张国的清州城，等待德川家康的后军，而德川秀忠则率领另一支德川军从东山道向美浓国进军。

值得一提的是，原本跟随会津征伐军的真田昌幸在7月21日于下野国的犬伏收到了石田三成的书信，劝说其加入西军。真田昌幸在收到信之后，便找来了两个儿子真田幸信与真田信繁商议。真田幸信因为是德川家重臣本多忠胜的女婿，因此坚决反对加入西军，认为此时背叛德川家康加入西军是不义之举。为了能够让真田家获取最大的利益，真田昌幸最终还是选择了加入西军。最终真田昌幸、真田幸信、真田信繁父子3人分道扬镳，真田昌幸、真田信繁回到了上田城；真田幸信则前往宇都宫城与德川军会合。

8月1日，伏见城在西军的围攻下落城，守将鸟居元忠、松平家忠战死。伏见城落城之后，气势如虹的西军侵入了伊势国，而石田三成则率军进入了美浓国的大垣城，然而，此时的德川家康却没有动静。

8月20日，德川家康的使者村越直吉来到了清州城，此时身在清州城的本多忠胜和井伊直政询问村越直吉，为何主公迟迟没有前来清州城会合。

村越直吉直接回答道："我军诸将还未与敌军交战。"

本多忠胜同井伊直政侍奉德川家康多年，瞬间明白了，德川家康这是想要东军的诸将上交"投名状"。可是此时东军的将领们都投奔了德川家康，要是知道德川家康还不信任自己，只怕会导致诸将心有不悦。

然而，在村越直吉会见诸将时，他仍然是直接对诸将说道："我家主公偶感风寒，现在在休息中，需要滞留几日方可前来会合。"德川家康的意思并未表述明白，但是诸将之中仍然有聪明的人听出了其中的深意。加藤嘉明立即便开口对村越直吉说道："哎呀，我们都是莽夫，没有想到内府大人的顾虑，内府大人不进兵是正确的决定。"

福岛正则则疑问道："你这是什么意思？"

加藤嘉明解释说："石田三成对外声称拥护嗣君丰臣秀赖，想要篡夺大权。我等受太阁恩惠甚重，除非先攻下一两座敌人的城池，否则内府大人又怎么会信任我们不会依附于贼人呢？"

福岛正则连连拍手道："原来如此，既然这样，那就速速前进攻打西军吧。"

挡在东军前头的是曾经织田信长的居城——美浓国的岐阜城，而岐阜城的城主则是织田信长的孙子织田秀信，此时这位前天下人的孙子只是个13万石的丰臣大名而已。

8月22日，东军的福岛正则、池田辉政等将对岐阜城发起进攻，仅仅两天，岐阜城就被东军攻下，岐阜城的落城，标志着东西两军的正式交战。同时原本在东西两军之间摇摆不定的大津城城主京极高次也因此决意加入东军，在大津城笼城作战。9月12日，立花宗茂等九州大名率领1万5千余人对大津城发起进攻，京极高次的大津城危在旦夕。

9月13日，德川家康率军自清州城向岐阜城进发，次日上午，德川家康又从岐阜城出发，进入了池尻村附近的赤坂。赤坂的位置在大垣城的西北方向，离石田三成所在的大垣城只有十里地的距离。德川家康摆出了与石田三成决战的态势，岛左近便率军500先行出城，前去收割德川方势力内的稻田，双方展开了激烈的交战，但最终还是岛左近占了上风。

面对石田三成据守大垣城的策略，要是强攻大垣城，将会付出巨大的代价，也正因此，德川家康决定采用声东击西的战法——德川家康年轻时曾经吃过这个战法的一次大亏。

那时德川家康不过是个占据三河、远江两国的大名，在面对东边的强敌武田信玄的西进作战时，不得不在远江国的浜松城笼城。结果没想到，武田信玄直接绕过了浜松城，前去攻打德川家康的后方三河国。因此德川家康不得不率军出城，前去追击西进的武田军，没曾想在三方原，德川家康遇上了已经布下军阵的武田军。原来武田信玄的计策便是佯攻三河国，诱使德川家康出城野战，歼灭德川军的有生力量，以避免攻城战时会出现的巨大伤亡。

那一战德川家康惨败，几乎面临灭绝。此时的石田三成，就仿佛当时在浜松城笼城的德川家康一般，但同当时的德川家康不同的是，石田三成的状况要比那时的德川家康好很多——此时东西军军队人数的差距，并不像当年德川军同武田军那样悬殊，而是势均力敌。

德川家康决定绕过大垣城，直取石田三成的老家佐和山城，要是石田三成不出战，便攻取佐和山城。攻下城后，石田三成要是还不出战，那就可直接杀往大坂城。然而从表面来看，德川家康的决定无异于自杀，东军要是攻破佐和山城进入京畿，又如何能够快速攻下大坂城？要是攻不下大坂城，无法快速决战，时间上只会对西军越来越有利，而东军只怕会被京畿的西军势力给围歼。

那么德川家康此时是怎么盘算的呢？德川家康之所以敢采取此举冒险的作战计划，是因为东军对西军中的重要将领毛利辉元、小早川秀秋的调略取得了巨大成效。也正因为此，德川家康才敢冒险一试，逼石田三成出城对决，再利用自己善于野战的优势击垮西军。

德川家康在三方原之战后，令人将自己当时极度焦虑痛苦的神态绘画下来，以此时时刻刻警醒自己。此画收藏于德川美术馆。

德川家康的动向被石田三成察觉，惊出一身冷汗的他不顾宇喜多秀家的反对，于9月14日晚上7时率军出城，向南迂回，朝着关原前进，并在15日凌晨1时抵达关原。9月15日凌晨3时，德川家康收到了福岛正则报告石田三成军队动向的消息，下令全军前往关原，在这一天，无论是在九州战场，还是在出羽战场，或者是关原战场，东西军武将们的目光全都看向了这里——关原。

有关关原之战的传统描述

关原之战，被称为“争夺天下的大战”，那么，关原这个地方又有什么样的历史呢？关原的“关”，指的是天武天皇设立的“三关（三关：越前国爱发关、美浓国不破关、伊势国铃鹿关）”之一的不破关，在古代便是交通要道，是北陆道、东山道与京畿的连接点。

西军在关原战场的布阵如下：吉川广家、毛利秀元于南宫山布阵；安国寺惠琼、长束正家，长宗我部盛亲在南宫山下布阵；石田三成于笹尾山布阵；岛津义弘、宇喜多秀家、小西行长等则在石田三成附近布阵；小早川秀秋在松尾山布阵。

应对西军的布阵，东军在南宫山下留下了池田辉政、浅野幸长等人防守毛利军；而石田三成等将的正面则是福岛正则、黑田长政、细川忠兴、藤堂高虎等将布阵的地方。

上午1时左右， 天降大雨，石田三成在雨中行军，率先从大垣城出发，抵达关原；到了2时，德川家康得到了石田军出阵的消息，命令福岛军、黑田军率军出阵；东军前锋出发以后，上午3时左右，德川家康率领本队兵马从赤坂出发；上午5时左右，天气转为小雨，此时关原战场上大雾弥漫。西军共8万4千人在关原布阵完毕，而此时东军的前锋福岛正则才刚抵达关原。一个小时后，随着德川家康抵达了关原，东军共7万4千人也在关原布阵完毕。

在两军布阵结束之后，因为大雾的原因，谁也不敢轻举妄动，就在战场上对峙着。到了上午8时左右，有几百骑身着红衣的武士从德川军中窜出，这些武士的背旗上是一个大大的“井”字，而他们的主将，则是德川家的重臣井伊直政。井伊直政是德川家康四子松平忠吉的岳父，松平忠吉此次乃是初上战场，德川家康让他跟随着老将井伊直政作战。既然身负指导世子的重任，同时，井伊直政也想让女婿多立下一些战功，便带着手下军队同松平忠吉一起出阵。他们是此次合战的前锋，必须率先同敌人交战。

然而，按照原本的安排，福岛正则才是此次东军的前锋，因此在井伊直政等人想绕到两军阵前时，被福岛正则一部的可儿才藏将其拦住了。

可儿才藏对着这些从后方绕到前头来的武士大喊道："来者何人？"

"在下乃是井伊直政，此人是内府大人的四公子松平忠吉。"

"今日我家大人奉命担任先锋，不许他人越过我军阵前。"可儿才藏接着说到。

"在下只是带着松平忠吉公子前来观摩一下而已，无须担心！"井伊直政哄骗可儿才藏道。

可儿才藏看了看马上的人，确认是井伊直政与松平忠吉，便说道："观摩一下为何要带着这么多兵马？还请井伊直政大人减少一些随从。"

井伊直政无奈，只得带着四五骑武士，随同松平忠吉来到两军阵前，打响了关原之战的第一枪。福岛正则阵前的敌人是宇喜多秀家同大谷吉继率领的西军，听到枪声以为是东军攻来，便对东军发起反击。

同一时间，黑田长政、细川忠兴也率军向石田三成的军势发起进攻，黑田军的铁炮部队不断向石田三成的军势开火，步兵也随即跟上。石田军难敌黑田军的进攻，但是黑田军一时半会儿也无法击溃石田军，战况陷入胶着状态。西军的总大将虽然名义上是毛利辉元，但是此时实质上的总指挥却是石田三成，只要能击

位于今日岐阜县不破郡关原町的不破关纪念建筑。

溃石田三成，黑田长政就能在此战中立下大功。细川忠兴就更不用说了，他同石田三成有着杀妻之仇，在两人的强攻下，石田三成军中的猛将岛左近被黑田军的铁炮队击伤。

上午10时左右，德川家康的本阵向主战场移动，石田三成无计可施，只得燃放狼烟，催促松尾山上的小早川秀秋以及南宫山上的毛利辉元出战，可是不知为何，在东军后方布阵的毛利军迟迟没有动静。要知道，南宫山离德川家康的本阵桃配山仅仅只有一步之遥，要是毛利军大举攻去，不但会同石田三成等军对东军形成夹击之势，甚至可能会击败德川家康。

此时，南宫山上还是静悄悄的，没有动静。石田三成不明所以，德川家康却明白是自己的调略奏效了。南宫山上的毛利秀元、吉川广家未动，山麓的长宗我部盛亲、安国寺惠琼、长束正家便怀疑山上的军队是否已经反水，便也都不敢率先出击。此时，在松尾山上率领8千大军的小早川秀秋就成了两军争取的对象，松尾山下便是西军的大谷吉继同东军的福岛正则，无论小早川军攻向哪一方，被攻打的一方都将在地理上处于不利的位置，只得仰攻。

小早川秀秋早就同东军密谋，他的家老平冈赖胜等人也被德川家康成功调略，但是面对战局的僵持，以及石田三成和黑田长政分别派遣来催促出战的使者，小早川秀秋却犹豫了。

现在的小早川秀秋是整场合战胜利的关键，只要加入某一方，就可以成功让胜利的天秤向那一方倾斜。中午12时，有些烦躁的德川家康思来想去，决定让手下的铁炮队对松尾山开火，以此催促小早川秀秋。

德川家康为什么要向小早川秀秋开火？这件事其实颇带有一些威胁的性质。果然，被德川军铁炮吓到的小早川秀秋立即下令全军倒戈东军，攻打西军的大谷吉继一部。小早川秀秋倒戈之后，在附近布阵的西军胁坂安治等人也立马举起反旗宣布加入东军。以上就是一直以来史学界的主流观点，请看下文的“翻案”详细描述：大谷吉继军团人数本就不多，面对突然倒戈的小早川军，一时间被打得溃不成军，大谷吉继本人也在阵中切腹自尽。随着大谷吉继军团的崩溃，下午1时，宇喜多秀家、小西行长等军也相继溃散，到了下午2时左右，连石田三成本人也弃军逃亡。

西军中的岛津义弘一部，在看到小西行长、宇喜多秀家军队溃散，东军大举攻来时，于下午3时也率领全军突击东军，在突破敌阵之后往伊势国逃窜，准备从伊势国沿海路返回萨摩。岛津军逃脱后，见到大势已去的南宫山的几支西军军队便也都率军退去。

今日在伊吹山上遥望不破郡关原町，昔日大战的场所。

以上，便是传统描述中的关原之战，整个过程十分简单，东西两军交战，原本该属于西军的毛利军作壁上观，小早川军全军反水，导致西军惨败。然而，虽然此战的过程简单，但是却又疑点重重，尤其是被我国网友戏称为“关原三神”的“战神”小早川秀秋、“宅神”毛利辉元、“食神”吉川广家3人，主要便是讽刺小早川秀秋在关键时刻反水决定了东军的胜利，毛利辉元身为西军总大将却窝在大坂城，吉川广家在南宫山上的毛利军想要下山时以吃饭为借口阻拦毛利军攻打东军。

然而，事实真的是这样的吗？

翻案“战神”小早川秀秋

众所周知，小早川秀秋本不是小早川家出身，而是丰臣秀吉的养子。丰臣秀吉有众多养子，也分别强塞给了一些颇有名望的家族担任继承人，小早川秀秋就是其中之一。

小早川家原本是日本西国的豪强，在毛利家崛起时，毛利元就将儿子毛利隆景送进了小早川家担任继承人，小早川家也因此成了毛利家中的重臣。丰臣秀吉统一日本之后，在毛利家中扶持了小早川家，并最终将其培养成毛利家家臣体系之外的独立大名，但是在这之后，丰臣秀吉却将养子送入了小早川家，此即小早川秀秋。

关原之战那年，小早川秀秋仅19岁，后世经常将其在关原摇摆不定、犹豫不决的状态推给他懦弱的性格以及涉世未深的年龄。

实际上，在石田三成决定起兵时，他曾让宇喜多秀家前去说服小早川秀秋加入西军，并开出了如下的条件：一、在丰臣秀赖16岁以前，由小早川秀秋作为丰臣秀赖的后见人，统领天下；二、战后加封播磨国；三、小早川家的家老稻叶正成赏赐黄金300枚，并从丰臣家的直辖领地中拨出近江国的10万石作为封地封赏给他。

然而，小早川秀秋却对石田三成开出的条件不以为然，在攻打伏见城之前，小早川秀秋派出了使者，想要将自己的亲生父亲木下家定作为人质送入伏见城，以此加入守军守城。然而，守将鸟居元忠却拒绝了小早川秀秋的提议，一怒之下的小早川秀秋便加入了西军攻打伏见城。

然而，在伏见城之战后，应当算是给西军递交了投名状的小早川秀秋的动向却让石田三成有些担心，原本应该随同西军攻略伊势国的小早川秀秋，迟迟没有加入西军的一系列行动，反而如同神游一般独自来到了近江国，最后甚至率领全军登上了松尾山，赶走了原本在松尾山负责守备的西军。此时小早川秀秋的行为让石田三成略感惊慌，在小早川秀秋神游期间，他写信给小早川秀秋，开出了同之前宇喜多秀家所言相差无几的条件想拉拢小早川秀秋。可是小早川秀秋却没有回应，反而同德川家康内通。面对东军的逼近，小早川秀秋像一颗钉子一样扎入了西军的心脏，要是小早川秀秋加入了东军，那小早川军进可攻打佐和山城，退可和赶来的东军包围大垣城。不得已，石田三成只得率军从大垣城出城，寻找东军主力决战。

在传统描述中，小早川秀秋在正午时分，受到了德川家康派出的铁炮队攻击，也在此恐吓之下加入了东军，攻打西军大谷吉继所部，该说法一直被许多书籍以及电视剧采用，如高柳光寿监修的《日本的合战》中收录的桑田忠亲的《关原之战》一文便是采用这样的说法。

然而，德川家康派出铁炮队攻打小早川军实在是疑点重重，首先该说法成立的很关键一点前提就是，在9月15日关原之战的当天中午，战况胶着，而松尾山上的小早川秀秋摇摆不定，不知道加入东军还是西军。然而，在近年来发现的关原之战中参战的岛津家家臣的史料《旧记杂录后编》中收录的《某觉书》中，在开战时分，小早川秀秋的布阵位置并不在松尾山上，而是在松尾山前的一个小山岗上。而在通说之中，这个位置布阵的乃是胁坂安治等人，根据推测，小早川秀秋要是在松尾山上，就很难观察到两军的战况，正因为如此，他在战前才将本阵向前移动。

在同样的岛津家家臣的史料《神户五兵卫觉书》以及《神户久五郎觉书》中的记载：9月15日的上午时分，真正最先遭到东军进攻的乃是西军的大谷吉继部，在大谷吉继受到攻击之后，小早川秀秋立即反水，加入了东军攻打大谷吉继。《某觉书》中的记载，也是开战时大谷吉继最先遭到敌军攻击，在这之后，宇喜多秀家军也随即遭到攻击。在另外一些史料中，也有着大谷吉继战死之后，宇喜多秀家、石田三成等军势崩溃的记载。《黑木左近·平山九郎左卫门觉书》中，也记载的是一开始大谷吉继的军阵便被小早川秀秋军击破。

在西军的有力将领之中，战死的仅仅只有大谷吉继一人，剩下的无论是宇喜多秀家、小西行长，还是岛津义弘、石田三成，都成功脱离了战场，究其原因，恐怕便是一开战时东军就与小早川秀秋军串通好猛攻西军右翼，而遭到东军夹击的大谷吉继自然是难逃一死。

而反观传统描述，在正午时分战况胶着时，掌握着战局胜利关键的小早川秀秋因为“问铁炮”（即德川军向小早川军开炮射击）的威胁而加入东军，在诸多第一手史料中并未见到，最早的记载在江户时代的军记物《关原军记大成》中。在第一手史料中，关原之战后两天的9月17日，石川康通、彦坂元正联名写给松平家乘的书信中也提到：在开战的时候，小早川秀秋、胁坂安治、小川祐忠、小

关原之战中小早川秀秋部队所在地纪念碑，位于松尾山上。

川祐滋父子加入了我方，并击败了敌军。

而根据岛津家家臣的史料《帖左卫门宗辰觉书》的记载，关原之战的结束时刻乃是正午时分，此时东军已经结束了同石田三成、宇喜多秀家军的交战，这同正午时分小早川秀秋被“问铁炮”威胁而加入东军的说法自然就形成了冲突。

正因为有诸多史料的证明，故小早川秀秋在战前归属西军，以及在战况胶着时被“问铁炮”吓得加入了东军实则是不可信之说。小早川秀秋应当是在战前便属于东军，开战时立即加入了战局，并主导了整场合战胜利的关键。

历来，关原之战中南宫山上的毛利军也是一直被大家调侃的对象，其主要原因乃是当时两军在关原交战，而毛利军在面对来催促参战的使者时，推脱说：“我军士兵正在用餐。”

说实话，将“食神”套在吉川广家头上着实有些冤枉，因为这句话并不是吉川广家说的，而是毛利秀元说的，因为毛利秀元担任的官位“参议”的唐名是宰相，也因此这个段子便被称为“宰相的空便当”，用来形容犹豫不决找借口推脱的人。然而，即便这个“食神”头衔从吉川广家头上转移到了毛利秀元的头上，是否证明战场之上，毛利秀元就是扮演着那个主导南宫山毛利军不动如山的那个角色呢？

我们首先来看看毛利秀元的经历，毛利秀元本来是毛利辉元的堂弟，在毛利辉元无子之后便成了毛利家的继承人。然而随着毛利辉元亲生儿子毛利秀就的出生，毛利秀元在毛利家的地位也是不断下降，在关原之战时，毛利秀元是否是南宫山毛利军的总大将，还尚待考证。

那么要是毛利秀元不是南宫山毛利军的总大将，他是否能够主导毛利军攻击东军呢？明显是不可以的，南宫山的毛利军按记载约为1万5千人，而毛利秀元直辖军队仅仅只有4千人，其次是吉川广家3千人，再次是安国寺惠琼2千人，剩下的6千之众都是毛利家领地内的国人，同还不是毛利家家督的毛利秀元并不是主从关系，因此毛利秀元能不能指挥得动这支毛利军还另当别论。

再加上同德川家康内通的吉川广家不动如山，毛利秀元也不敢越过吉川广家前去攻打东军，因为他其实并不清楚毛利军其他兵马的不作为，是否是接收到了毛利辉元的命令。因此即便在有攻打东军的机会时，面对长宗我部盛亲派来的使者，毛利秀元也只能十分无奈地表示“我军士兵正在用餐”以此来搪塞使者。

而且最终在关原之战结束之后，毛利家也是将罪责推到“奸臣”安国寺惠琼的头上，而吉川广家则是在毛利家畏难之时出手保护了主家的大功臣。即便是在关原之战结束后，毛利家的领地被大幅度削减的情况下，毛利家的家督毛利辉元也只得打碎了门牙往自己肚子里咽了。

关原之战后日本政治格局分析

作者/大意觉迷

大战余波

庆长五年（1600年）9月15日（和历），在今天日本岐阜县关原町爆发了一场大会战，战争的规模在日本历史上是数一数二的，战争的进程也出奇地迅速。德川家康所领导的东军最终战胜了石田三成领导的西军，且取得了压倒性胜利。石田三成仓皇逃出战场，进入伊吹山（今岐阜县和滋贺县之间），打算逃回居城近江佐和山城（位于今滋贺县彦根市）。德川家康从容地检视完敌方战死大将的首级之后，就开始安排追讨穷寇的计划。

次日，德川家康派出的诸队人马涌入近江国，切断了石田三成的归路。其中先锋为小早川秀秋、胁坂安治、小川佑忠、朽木元纲等倒戈的西军将领，并辅有熟悉近江国地理环境的田中吉政。德川家臣井伊直政等人则为独立一队紧随其后，总兵力近2万人。留守佐和山城的石田三成的兄长石田正澄，父亲梅岩道围（石田正继）以及正室亦在城中，其核心守备不过2800人。石田正澄自知难敌大军，派遣家臣津田清幽与东军交涉，打算用自己的性命换取城中老小的安全。德川家康看在与津田清幽有故交的面子上，同意了这个建议，双方约定9月18日进行城池移交。不想这一天清晨时分，作为佐和山城一方的守军将领长谷川守知却突然放火烧城，小早川秀秋等人便不顾和议，继续对山城发起攻击，最终导致石田正澄一族死在熊熊燃烧的天守阁之中，石田三成正室则生死不明。

津田清幽在混乱中被东军俘虏，连同石田三成的第三子佐吉在内的11名石田家的家臣（多数是少年）被押往德川家康的本阵。津田清幽怒斥德川家康不守信用，要求其放过石田三成的子女。德川家康觉得确实有愧，于是网开一面，只是继续追捕石田三成一人，放过其所有子女。石田三成与正室共育有3男3女，长子石田重家在京都妙心寺出家，法名“宗亨”；次子石田重成则逃到陆奥国改名杉山源吾；三子石田佐吉在高野山出家，为了感谢津田清幽出手相救，取法名为“清幽”作为纪念。长女的丈夫山田隼人正是德川家康侧室阿茶局的侄子；三女辰姬当时仅有8岁，更是北政所（丰臣秀吉的正室丰臣宁子）的养女。北政所是丰臣家地位最高的女性，而她是站在德川家康一方的，遂也可保石田三成之女无事。

石田三成的子女得到德川家康的特赦，并不意味着其本人可以逃过一劫。就在东军围攻佐和山城之际，满身创伤的石田三成只带着少量家臣，在伊吹山周边漫无目的地东躲西藏。佐和山城回不去，只能想办法进入大坂城面见毛利辉元了，抱着这个念头，石田三成又与家臣分道扬镳，独自一人寻求逃离之路，最终于9月21日被田中吉政的追捕队发现并逮捕，此时距离关原之战结束不过6天而

关原之战小西行长本阵所在地纪念碑。

已。至于石田三成被抓获的具体地点，并无定说，大体不出伊香郡和东浅井郡（今滋贺县长浜市一带），在佐和山城的北边。据说石田三成虽然落魄至极，仍心心念念要夺取德川家康的人头，决心不改。

在石田三成被捕的前两天，西军的另一个重要人物天主教徒小西行长已经落网。据说小西行长当时躲在伊吹山东面的糟贺部村中，被关原町人林藏主发现，林藏主劝其自我了断，小西行长却表示自己信仰的天主教将自杀视作大罪，宁愿被送出去请赏也绝不自杀。林藏主便遂了他的心愿，将他交给了东军将领竹中重门，竹中重门因此得到了10枚黄金的赏钱。竹中重门其实也是反水的西军将领，刚开始受西军方的织田秀信指挥。然而他与东军的黑田长政早有联系，织田秀信投降后便正式归属东军，与黑田长政并肩参与了关原之战。竹中重门接收小西行长之后，便将其转送到德川家康营中。

东军要抓捕的西军方第三个“战犯”乃是毛利家的外交僧安国寺惠琼。此人是将五大老之一的毛利辉元拉入西军阵营的关键人物。关原之战失利后，安国寺惠琼跟随毛利秀元（毛利辉元的堂弟，一度为其嗣养子）的部队进入近江国。这时安国寺惠琼才发现毛利秀元与东军有暗通的举动，心知不好，便脱离了部队。他本想逃往伊势，后又折返近江，在大原歇脚后，潜伏在鞍马的月性院，后又悄悄转移到京都六条一带。原以为神不知鬼不觉，却也难逃天罗地网。小西行长被捕的这一天，德川家康已经命令其大女婿奥平信昌进入京都维持治安，在此之后没过几天，安国寺惠琼过去的仇家便向奥平信昌举报了他的行踪。奥平信昌的家臣鸟居信商奉命追捕之时，正赶上安国寺惠琼等人乘轿逃跑。安国寺惠琼的家臣平井藤九郎见势不妙，便随手一刀刺向轿子，想刺死安国寺惠琼后再与追捕者拼命。追捕队付出了一定的伤亡，才将平井藤九郎和另外一名家臣格杀。回头再看安国寺惠琼的坐轿，发现平井藤九郎那一刀刺偏了，安国寺惠琼只是擦伤了脸颊，并无大碍，但之后依然免不了引颈受戮。安国寺惠琼被捕时间大约在9月23日前后。自此，西军的3名祸首均已被抓。

东军还有几个重点搜捕对象，却侥幸逃出生天。关原之战中级别最高的西军将领是“丰臣五大老”中最年轻的宇喜多秀家，时年27岁。他和石田三成、小西行长一样逃入伊吹山中，在小池田郡白樫村的地方武士矢野五郎左卫门帮助下，一直躲藏在寒冷的山中。外界一直传言宇喜多秀家自尽身亡。按照《德川实纪》的说法，他的家臣进藤正次被德川家臣本多正纯等人拿获，声称自己与主君一起逃亡3天后就失去了联系。在进藤正次的协助下，德川军在伊吹山寻找到了宇喜多秀家遗落的腰刀“鹈饲国次”，但宇喜多秀家本人依然是不见踪迹。进藤正次由于献刀有功，被德川家康赏赐了10枚黄金，并被收入旗本（泛指德川军的直属家臣）。但另一份资料《庆长年中板坂卜斋觉书》的记载却与《德川实纪》略有矛盾，其中提到进藤正次是10月底才赶奔大坂城“投案自首”，并拜会了宇喜多秀家的夫人前田豪姬，前田豪姬给了他25枚黄金，但并没有明确告诉她宇喜多秀家如何从伊吹山转移到别处。京都、大坂周边搜捕甚严，安国寺惠琼就是在京都被捕的，恐怕宇喜多秀家很难见到妻子。而后来一些晚出的文献则可能强调宇喜多秀家逃亡的戏剧性，说他靠着进藤正次等人的协助，悄悄潜入大坂城与妻子会面。不管是否见到妻子，后来宇喜多秀家逃亡萨摩岛津的领地却是属实。

岛津义弘在关原的经历，则是充满了残酷的黑色幽默。原本支持德川家康的他，阴差阳错地加入了西军的队伍。关原之战中，开始试图保持中立，后来却不得不与德川军为敌，浴血奋战。岛津军凭着一股不要命的精神，硬是杀出一条血路。在这批岛津军中，还有一个高级公卿，此人是前关白近卫前久的长子，前左大臣近卫信尹。当年他试图和二条家的二条昭实争夺关白之位，却不想让丰臣秀吉钻了空子，使得丰臣家垄断关白之位10年之久。失落至极的近卫信尹居然乘着文禄之役（即壬辰倭乱），主动跑到“征韩”大本营肥前名护屋，想渡海建立战功。他的行为引来当时的日本天皇后阳成天皇的极大恐慌。因为天皇不愿意让近卫信尹介入丰臣秀吉的海外扩张之事，于是急忙派人把他招了回来，并把他流放到萨摩岛津家的领地。近卫信尹在萨摩得到了岛津义久、岛津义弘兄弟的优待，没吃什么苦头。关原之战的时候还跟着岛津义弘上了战场。眼下逃亡之际，岛津军兵分几路，其中一部分人护送近卫信尹逃往他在京都的宅邸，这批岛津武士便躲在其中避难。岛津义弘则带着80余人经伊贺名张（今三重县名张市），通过笠间峠（今奈良县宇陀市室生区），进入三轮山平等寺（位于今奈良县樱井市三轮）的势力范围，得到了当地僧侣的庇护，得以免受东军追杀，并在那里滞留休整。由于身无分文，他们甚至连回家的船都坐不上，只能原地等待转机。

而此时，缉捕西军的几个祸首，并不是东军的首要任务，东军最重要的还是解决其他地区的西军势力。西军方面还有两处重要的据点亟待解决，一处是西军前线司令部的大垣城，一处是被西军总大将毛利辉元占据的大坂城。宇喜多秀家或是岛津义弘的生死存亡，此时无关宏旨。随着东军的大胜，如何协调东军内部各路友军之间的关系，也是一件相当麻烦的事情，如若处理不当，易招致新的事端。

9月19日，德川家康进入了近江草津（今滋贺县草津市），在那里接收了被捕的小西行长。次日进入大津城（今滋贺县大津市浜大津）。在此之前大津城经历了激烈的攻防战。大津城守将京极高次在之前立场就不稳固，他的夫人阿初与丰臣秀吉的侧室茶茶（丰臣秀赖之母淀殿）、德川秀忠（德川家康之子）之妻阿江是三姐妹，此外他的妹妹也是丰臣秀吉的侧室。刚开始的时候，迫于形势压力，京极高次加入了西军阵营，允许西军从大津城经过，待到西军其他部队离开大津城后，便率本部人马回归大津城，闭门不出。这一行为惹恼了西军，遂调动了1万5千人围攻大津城。京极高次坚持了12天，于9月15日开城投降，剃发出家。不承想就在这一天关原之战大局已定，攻防双方的立场都变得有点尴尬。夺取大津城的西军方不得不向大坂城转移。大津城内一片焦土，而在醍醐、山科（今京都市东南部）周边，聚集了福岛正则等人率领的7万东军将士，当地秩序逐渐混乱起来。德川家康只能暂住在南门边的简陋房屋里办公。不过这样的混乱局面，并不妨碍京都的公卿们 “朝见”的热情，这其中据说还有后阳成天皇的敕使，他们排队前往大津城，向德川家康寒暄示好，祝贺他在关原之战取得胜利。一些曾经遭遇过织田、丰臣政权打压的公卿在此时如同得到了解放，他们期待德川家康能与京都合作组建新的政府机构。

德川家康前几日下令在山科设关，禁止其他东军将领随意上京，由伊奈昭纲等人把守，不承想却惹出了一桩大麻烦。福岛正则曾率领先遣部队进入过京都，

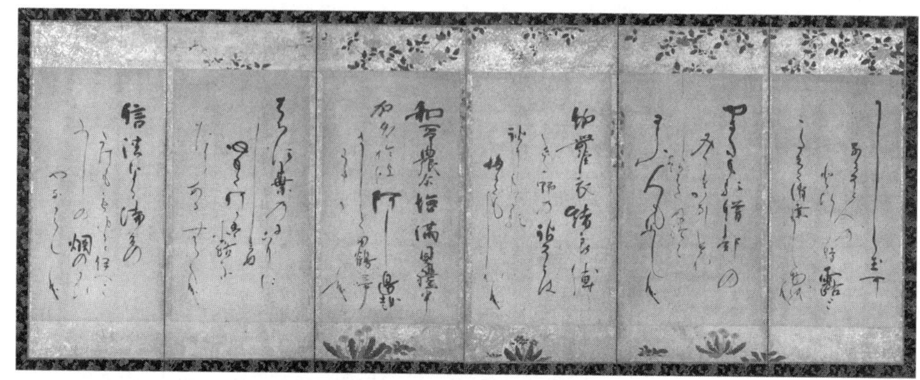

近卫信尹所书写的非常优美的和歌屏风，现收藏于东京都国立博物馆。

德川家康第三子、二代江户幕府将军德川秀忠画像。

后将其嗣养子福岛正之等300人留在京都，自己将本阵迁移到山科，并命令家臣佐久间嘉右卫门负责与京都的联络工作。当佐久间带着福岛正则给福岛正之的书信经过三条大桥时，却被伊奈昭纲手下的警备足轻拦下。佐久间一怒之下回归福岛正则阵营，请求切腹自杀，福岛正则亲自为其介错，并将其首级送往德川家康驻地以示抗议。德川家康大为震惊，不得已下令伊奈昭纲切腹自尽，借以平息福岛正则的怒火。

就在这个当口，率领3万大军的德川秀忠风尘仆仆赶到草津，得知父亲已经进驻大津城。德川秀忠此时赶到，既在德川家康算计之内，又在意料之外。按照原本的计划，德川秀忠应该先征服信浓地区，不必着急与自己会师。不过战况很快发生了变化，由于福岛正则攻破岐阜城，德川家康急于抢夺胜利果实，便于9月1日从江户出兵。而9月2日，德川秀忠才刚到达信浓小诸，打算劝降上田城守将真田昌幸。由于真田昌幸拒不投降，又负隅顽抗，德川秀忠在上田城耽搁了大约4天，此后便带着大部队沿着中山道一路狂奔，在粮草严重匮乏的情况下，专走连驮物队都无法通过的山路，还要抢渡涨水的木曾川。开始大概一天只能走10多公里，9月17日之后开始提速，一天能到50多公里，日夜兼程，最后还是落后了4天。

可能由于处理公卿会见、福岛正则抗议等繁杂之事，德川家康心情不佳，一时不想见儿子。不过两天之后，前田利长和丹羽长重两位重量级的大名也前来拜谒德川家康。为了笼络前田利长，德川家康将德川秀忠的女儿祢祢（珠姬）许配给前田利长的养子猿千代（前田利常），也顺势缓和了父子关系。在这期间，被捕的石田三成与安国寺惠琼也先后送到，与小西行长关在一处。

此刻，西军的大垣城已经危在旦夕了。大垣城攻防战的时间比关原之战还要早一天（9月14日），开始负责攻城的东军主要是堀尾忠氏等将率领的1万余众，后来布局变动，堀尾队五千余众移往他处，而守护大垣城的是石田三成的妹夫福原长尧，与熊谷直盛共同固守本丸，垣见家纯、木村由信、木村丰统、相良赖房守护二之丸；秋月种长、高桥元种守护三之丸，总兵力约7500人。其中相良赖房、秋月种长、高桥元种三将不仅同是九州出身，而且是亲戚，秋月种长与高桥元种俩人是亲兄弟，而相良赖房是他们的妹夫。

东军攻城队几次冲破三之丸，秋月种长、高桥元种兄弟退守二之丸，与其他守军用火枪将东军逼退。关原之战的战报传来之后，东军改为围城，同时联络城内的九州三将。9月17日，九州三将借口举行军议，谋杀了熊谷直盛、垣见家纯、木村由信、木村丰统等其他守将，向东军投诚，二之丸失守。在本丸中固守的福原长尧不肯马上投降，又咬着牙死撑了几天，最终于9月23日带着手下残余的二三十名足轻投降。作为开城的条件，福原长尧剃发出家，改法号为“道蕴”，前往伊势朝熊山隐居。

大垣城陷落在即，西军三祸首也被逮捕，身居大坂城的毛利辉元彻底坐不住了。毛利辉元身为“五大老”之一，论实力可以和德川家康一决高下，不过由于以往复杂的政治斗争，使得毛利家“两川（吉川、小早川）”之一的小早川氏从毛利家分裂独立，而毛利家内部则形成了毛利辉元、毛利秀元、吉川广家三头并立的格局。毛利辉元虽为毛利家的家主，但由于性格上缺乏杀伐决断，且身体不佳，有老寒腿的毛病，军政大事多由毛利秀元和吉川广家做主，外交则委任安国寺惠琼。安国寺惠琼被捕之后，充当了毛利家的替罪羊，毛利辉元等人的立场便可以撇清了，在德川家康面前尚有回旋的余地。此时的大坂城还聚集了一些从各条战线撤回的西军将领，其中有从关原撤回的毛利秀元，从大津城撤回的立花宗茂，他们的人马并没有受到重创，尚余战斗力。毛利秀元虽然此前与东军暗通，但还是和立花宗茂等人主张再战。毛利辉元犹豫再三，最终还是听从吉川广家的建议，决定主动撤离大坂城西之丸，不与德川家康争锋。除此之外，分布在四国和九州的毛利军也开始撤退。

9月23日，毛利辉元的誓书送到德川家康手中，德川家康便命令福岛正则、池田辉政、浅野幸长、黑田长政、藤堂高虎五人前去接收。而德川秀忠则是被派往伏见城进行守备。按照军记物语《细川家记》的记载：福岛正则等人在这一天见到了被送入大津城的石田三成，书中还绘声绘色地描写了他们与三成之间的对话。不过这可能只是后世的文学想象，实际上他们5人接到德川家康的命令之后就即刻动身，从大津城到达大坂城需要两天时间，第二天他们就到达大坂城与毛利辉元进行交接工作，没有时间与石田三成见面。在交接的过程中，关于德川家康可能会没收毛利家所有的领地，并将一部领地转封给吉川广家的流言四起。这引起了毛利辉元的不安，福岛正则等人便分别给两人写了誓书，安抚他们的情绪。

9月26日，德川家康自大津城进入淀城，再由淀城进入大坂城，德川秀忠随行。对外宣称与淀殿、丰臣秀赖母子日前相处和睦。时隔百日，德川家康又一次回到了大坂西之丸办公。此时在日本已经没有什么力量可以阻止德川家康君临天下了。

9月28日，石田三成、小西行长、安国寺惠琼3人被安置到一辆平板车上，拉到大坂城及周边的堺町游街示众，随后押回京都。10月1日，在京都又游街了一

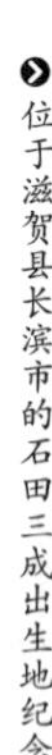
位于滋贺县长滨市的石田三成出生地纪念碑。

圈之后，送往六条河原开刀问斩。据说在斩首前，石田三成和安国寺惠琼分别吟诵了辞世句。

石田三成以和歌的形式吟道："筑摩江畔、芦苇间篝火闪闪、转瞬即逝、似吾生命一般（筑摩江や 芦間に灯す かがり火と ともに消えゆく 我が身なりけり）。"

安国寺惠琼则念了句汉风的偈子："清风拂明月，明月拂清风。"

而身为天主教徒的小西行长则是拒绝了来自净土宗僧侣的超度诵经。

行刑结束后，3个人的头颅被放置在三条大桥的边上示众。石田三成与安国寺惠琼之死自不必说。小西行长的死，意味着德川家康对其掌控的日本外交政策的彻底否定，对于日本的天主教势力也是个不小的打击。他的死讯随着耶稣会传到了罗马，连烧死了布鲁诺的罗马教皇克莱孟八世（Clement VIII，1592–1605）都惊闻此事，并表示遗憾。意大利人甚至编写了一部悲剧，名为《阿戈斯蒂诺（小西行长的教名）津之守殿（*Agostino Tzvnicamindono*）》，用来记录小西行长与内府（德川家康）之间斗争并殉教的故事。

根据耶稣会的报告，原本德川家康还有意与小西行长联姻，打算把曾孙女嫁给小西行长的长子小西兵库头。这个所谓的曾孙女，很可能是松平信康（德川家康长子）最大的外孙女，也就是他的长女登久姬与小笠原秀政所生之女万姬，关原之战时才9岁。由于小西行长坚决站在石田三成一边，所以这次联姻没有成功。万姬则嫁给了蜂须贺家政14岁的长子蜂须贺至镇。而小西兵库头则居住在大坂城，当毛利辉元与德川家康达成协议之时，被毛利辉元下令斩杀，年仅12岁。次子从小在宇喜多家寄养，后来逃亡到赞岐出家。第三子长大后以"浅山弥左卫门"之名行于世，先后出仕加藤、有马、黑田诸家。也就是说小西行长除了长子不幸殒命，其他儿子尚且逃过一劫。

从犯的下场

在三条大桥"聚首"的不止石田三成3人，还有其他一些人，比如同为"五奉行"的长束正家和他的弟弟长束直吉。

丰臣秀吉时代设置的"五奉行"，除了浅野长政归了东军外，其他四人名义上皆属于西军阵营。其中增田长盛和前田玄以都与东军暗通有无。长束正家立场不明，关原之战打响之后没出多少力，随后便带兵退向居城近江水口冈山城（今滋贺县甲贺市水口町水口），一度受到东军方将领山冈道阿弥的拦截，好不容易进了城，却依然受困。池田辉政的弟弟羽柴长吉欺骗长束正家，只要开城投降，便可保领地无事。于是长束正家兄弟于9月30日开城投降。石田三成等人被处决的同时，长束正家兄弟也被迫切腹自尽，首级也被送往三条大桥示众。原本以为逃过一劫的福原长尧，也于10月2日在隐居之地被迫自杀（另一说是被刺客暗杀）。

至此，近江、京都、大坂周边的战事告一段落，丹波、丹后、山阴地区尚有部分西军抵抗者继续受到东军的追剿。

西军将领小野木重胜和前田茂胜率领的1万5千人从7月就开始围攻丹后田边城（今京都府舞鹤市一带），守将细川幽斋的儿子细川忠兴正在随同德川家康作战，原本守备不过500人，难敌大军。不过细川幽斋拥有一般人不具备的能力，那就是和歌技能。凭着这项突出的技能，他过去培养了许多弟子，连后阳成天皇的弟弟智仁亲王也是他的弟子。天皇也担心细川幽斋一死，将是和歌界的重大损失，于是派出多名公卿（同时也是细川幽斋的弟子）两边反复斡旋，一来二去，一直拖到9月18日细川幽斋才准备正式开城投降，这时候关原之战早就结束。细川幽斋也和大津城的京极高次一样，以少量兵力牵制了大量敌军，间接为关原之战的胜利立下功劳。

战国时代著名水军（也是水贼）将领九鬼嘉隆画像，其麾下军团善于水战，在陆战中作用十分有限。

细川忠兴率领本部大军从关原急忙赶来，小野木重胜和前田茂胜慌忙逃回各自本城。前田茂胜靠着父亲前田玄以（五奉行之一）与东军秘密互通的关系，保全了居城亀山城（今京都府亀冈市荒冢町一带）。随后细川忠兴又开始围攻小野木重胜的福知山城（今京都府福知山市一带），小野木重胜试图脱困，于是派人向井伊直政乞降。德川家康命山冈道阿弥为使者，与小野木重胜达成协议。小野木重胜开城投降，本人进入亀山城寿仙院剃发出家，11月18日也和长束正家、福原长尧等人一样被迫自杀。

著名的海贼大名九鬼嘉隆在之前已经隐居，儿子九鬼守隆继任当主。为了家族的存续，他两边下注：让九鬼守隆出兵跟随德川家康，自己则将居城志摩鸟羽城（今三重县鸟羽市鸟羽一带）变为西军的据点。关原之战的消息传来后，九鬼嘉隆弃守鸟羽城，逃亡答志岛。九鬼守隆向德川家康求情，请求饶过父亲的性命，到了10月12日，德川家康才答应赦免九鬼嘉隆。九鬼守隆满以为父亲可以逃过一死，不想父亲早在家臣兼女婿丰田五郎右卫门的催促下，在和具（位于答志岛）的洞仙庵切腹自尽，丰田五郎右卫门还打算用九鬼嘉隆人头邀功。九鬼守隆得知后，震怒之余，将丰田五郎右卫门埋入土中，用竹锯将露在外面的脑袋活活锯下来，为父报仇。

此外，在日本的其他地区还有几场战事在继续。

在奥羽地区，原本作为德川家康头号打击目标的上杉家，遭受了另一番耻辱。为了响应德川家康的号召，奥羽地区的伊达、南部等反上杉势力在最上家的领地集结，准备围攻上杉家的米泽城。德川家康已经行至半路，但得知石田三成举兵，便调转马头，先去解决石田三成的军势。伊达政宗与上杉家讲和，暂且无事。上杉景胜认为，此时最上家处于孤立状态，可以乘机将其攻灭，于是借口最上家仍试图攻占上杉城池，拒绝与其达成和议。从9月9日开始，上杉景胜命令家臣直江兼续率领2万余兵力攻入最上家领地。9月15日，正当关原之战决战时，在长谷堂城周边，最上军与上杉军也展开了激战。最上家家臣志村光安、鲑延秀纲等人，凭借远少于敌方的兵力，拼死拖住上杉军前进的步伐，双方自此僵持不下。最上家当主最上义光也担心难以持久，连忙派儿子最上义康向伊达政宗求援。

最上家与伊达家过去充满了难以明晰的爱恨情仇，最上义光的妹妹最上义姬虽是伊达政宗的生母，却因为伊达家内部的一些纷争，早在文禄三年（1594年）就逃回了娘家，一直在最上家的居城山形城居住。按照伊达家臣片仓景纲的意见，伊达家应该本着坐山观虎斗的态度，坐视上杉军攻灭最上家，从中渔翁得利。伊达政宗假意表示要考虑母亲的安危，派遣叔父留守政景带领3千兵力前去支援。不过这支援军行动迟缓，没有马上与上杉军交锋，而是带有观望性质。另一方面，伊达政宗反手策动南部家内部的暴动，导致南部家忙于平定内乱，无力支援最上家。

直到9月29日，身居会津的上杉景胜才得知德川家康已经回归大坂，连忙将直江兼续召回。最上家顺势穷追不舍，伊达家派来的援军也跟随作战，让上杉军吃了不少苦头。如此一来，最上家不仅免于覆灭，还借此在未来争得一席之地。

在北陆，东军的前田利长由于担心出征会导致后方被人偷袭，于是暂时撤回自己的领地金泽，并没有与东军会合。在撤军的过程中与小松城主丹羽长重发生了一些军事上的摩擦，互有损失，但双方都留有余地。德川家康再次诚邀前田利长出马，于是前田军于9月11日再次出征。这一次，丹羽长重已经和前田利长达成了和解。前田军于9月18日进入小松城，他们也没赶上关原之战，于是才有了前面提到的9月22日，两人携手在大津城拜谒德川家康之事。在这个过程中还是出了点状况，那就是前田利长的弟弟前田利政，由于他的妻子被西军掠去，于是假称自己身体不佳，不肯随兄长出征。前田利政打算先想办法偷偷把妻子营救回来，再去与兄长会合。但这种消极的态度激怒了前田利长，因此在德川家康面前状告他投靠了西军。

在四国地区，由于东军方面的武将藤堂高虎、加藤嘉明作为德川家康的先锋四处征伐，领地守备较为薄弱。毛利辉元签署命令，利用四国地区一些失势的旧族，挑动藤堂高虎领地内的叛乱，并直接出兵攻击加藤嘉明的领地。但留守的加藤家臣发动夜袭，使得毛利辉元方反而损失了几名将领。关原之战结束后，毛利辉元决定离开大坂城，同时也命令在四国地区对峙的毛利军撤离。这件事后来被德川家康作为处分毛利家的理由之一。

在九州，一度被幽禁的原丰后国主大友吉统接受了毛利辉元的援助，并成了西军一分子。他召集旧部在丰后起兵，试图恢复大友家过去的势力。但他的野心遭到了黑田如水的打击。黑田如水是丰臣家有名的高参，此时早已归隐多年，黑田家的当主之位让给长子黑田长政。关原之战爆发前，黑田长政与妻子糸姬（丰臣秀吉家臣蜂须贺正胜之女）离婚，改娶了德川家康的养女荣姬，由此决定了黑田父子归属于东军阵营。黑田长政本人跟随家康参与了关原之战，而黑田如水则受命回归九州中津城，散尽家财，迅速集结了9千余人的部队。于9月13日在石垣原与大友军激战两日。9月15日，大友吉统被迫投降，再度遭到幽禁，此时关原之战也恰好结束。后人认为，黑田如水也是有能力与德川家康一争高下的人物，不过关原之战的迅速结束，使得这位和德川家康一样隐忍多年的老狐狸失去了大

关原之战藤堂高虎、京极高知本阵所在地纪念碑。

关原之战黑田长政、竹中重门本阵所在地纪念碑。

显身手的空间，只能继续保持东军盟友的立场维护九州地区的秩序。

之后，九州地区的其他势力也开始有所行动，加藤清正出兵，于9月23日攻破了小西行长的居城宇土城。萨摩岛津家原本是站在东军的立场，却因为岛津义弘的原因，被视为西军一方。德川家康在重新夺回中枢领导权之后，将岛津一族视作征伐的对象，命令德川秀忠自广岛出阵，效仿当年丰臣秀吉征讨岛津义弘，在沿途诸城部署军事力量。勒令毛利辉元的家老们献上人质，而毛利辉元的夫人依然像过去一样在大坂城充当人质，毛利辉元本人则充当征讨岛津义弘的前锋。德川家康通过这种军事命令的方式，实际上已经规范了他与毛利辉元之间的君臣关系，毛利辉元也只能默默接受德川家康的驱使。

由于之前没能鼓动毛利辉元继续对抗德川家康，九州武将立花宗茂一气之下决定带队回归九州领地柳川城，在堺港准备船只的时候，居然与滞留平等寺多日的岛津义弘取得了联系。原本立花宗茂与岛津义弘在九州属于敌对势力，这时立花宗茂则不计前嫌，将岛津义弘视作西军的队友，共同乘船回到了九州各自的领地，此时是10月初。立花宗茂回到领地后没多久，就面临刚投靠东军势力的锅岛直茂来犯。锅岛直茂的儿子锅岛胜茂开始率军跟随西军作战，但是锅岛直茂判断东军即将取得胜利，于是急忙把儿子召回，并向德川家康示好。锅岛直茂于10月14日联合黑田如水，共3万7千余人，攻打毛利辉元一族小早川秀包的久留米城。久留米城投降后，加藤清正的军队也加入其中，于10月17日联合攻打立花宗茂的柳川城。立花宗茂苦撑7日后开城投降。如此一来，立花宗茂所拥有的1万余兵力，也加入到锅岛、黑田、加藤联军，做好进攻萨摩岛津的准备。

岛津家当时并非岛津义弘一人独断，而是他与兄长岛津义久共同执掌，岛津义弘之子岛津忠恒在父亲不在的时候，也具有话语权。岛津义弘虽然由于个人的原因决定了岛津家的立场，从东军阵营莫名其妙变为西军阵营，但实际上关原之战的时候也就带了1千人上阵。岛津家的主力依然掌握在岛津义久叔侄的手里。岛津义弘几次请求家中派兵支援，岛津义久叔侄都不为所动。岛津义弘逃回萨摩，有传言岛津家会动员更多兵力与东军继续对抗，但事实上并非如此。岛津义弘回归后就龟缩在樱岛不敢轻举妄动，岛津义久叔侄也只是担心东军来犯，做好常规的防御工作。德川家康却充分利用这种不明朗的态势，营造出岛津家依然不肯臣服的氛围，将毛利辉元直接变成了讨伐岛津义弘的先锋。此时九州岛上已经集结了黑田长政等人率领的4万多东军兵力，只等德川家康一声令下即可进攻。如果岛津家此时再不投降，真的打起来，恐有倾覆之灾，于是岛津家拜托井伊直政向德川家康说情。德川家康做足了姿态，终于在11月12日下达“攻击中止令”，取消了对岛津家的攻击计划，九州黑田等人的东军联军也就此解散，各自回归领土。

虽然关原之战的局势瞬息万变，但通过复盘战前双方的势力对比，实际上还是可以大致预测出，德川家康的胜算远比石田三成大得多。首先从政治地位来看，德川家康作为五大老之一，具有强大的话语权。而石田三成为首的五奉行不过是丰臣家之“嬖奴”，也就是丰臣政权官僚体系中的执行官僚。按照丰臣政权的制度，五大老联署的文件要经过五奉行核准才有效。如果五奉行可以平稳行使权力，推进政治制度改革，五大老原本拥有的自主权力将会逐步被剥夺。这是德川家康不希望看到的局面，所以才会充分利用自己在丰臣家的特殊地位，违反丰臣秀吉生前的禁令，大搞政治联姻，拉拢一切可以拉拢的势力。纵然石田三成可以看穿德川家康的野心，也不足以让丰臣一族的核心成员站在自己一边。特别是丰臣秀吉两次入侵朝鲜时期，使得石田三成与丰臣系武功派之间的矛盾无法调和。

石田三成本人在德川家康和武功派的步步紧逼之下，被迫走上武装对抗的道路，已经落了下乘。德川家康利用强大的人脉关系网，在西军中埋了无数的钉子，石田三成根本无力清除这些潜在的不确定因素，就匆忙与东军一较高下，焉有不败之理？即使侥幸取胜，石田三成亦无法取代德川家康的政治地位，甚至无法对领土进行再分配，由此则无法满足各路势力，迎来的将是丰臣政权更大的崩盘，甚至有可能重新进入战国纷争的格局。而德川家康反而是丰臣政权稳定的柱石。

分封诸侯

自从回归大坂城，德川家康就开始着手各路大名的领土再分配事宜，他首先处理的就是毛利辉元所领导的毛利家。原本为了诓骗毛利辉元离开大坂城西之丸，德川家康通过吉川广家传达的信息是保证毛利家领土完整；然而等到双方完成大坂城的交接之后，德川家康从城中搜出大量毛利辉元签署的书状，证明他并不是受到安国寺惠琼的蛊惑，而是自主决定投靠了西军，并且指挥了毛利军在四国地区的军事行动。这样一来，德川家康便煞有介事地收回成命，开始对毛利家进行制裁了。他于10月10日下达正式文书，摆出仁慈的君主姿态，决定饶过毛利辉元父子的性命，将其领土瓜分，只留下周防、长门。也就是说，毛利家原本拥有的周防、长门、安艺、石见、出云、备后、备中、隐岐8国（约120.5万石）领地，只剩周防、长门两国（约29.8万石）。毛利辉元自知难堪，遂前往京都紫野大德寺剃度出家，取法号“宗瑞”，将当主之位让与儿子毛利秀就，是为长州藩的第一代藩主。

毛利家内部根据剩余领土再分封。原本被指定为毛利辉元继承人的毛利秀

京都著名景点圆光寺枯山水庭院，此寺对于推动江户幕府时代的文化繁荣、儒家学说兴盛发挥了重要作用。

元，获得长门国丰浦郡（6万石），设立长府藩。导致毛利家领土大幅缩水的吉川广家，获得了周防国大岛郡一部分以及玖珂郡南部（3万石），设立岩国藩。虽然吉川广家为了保存毛利家的家名做出了自己的努力，但终究得不到本家的原谅，名为“藩主”，却被毛利家当作低一等的“领主”看待。

随着对岛津义弘攻击的停止，德川家康指派的井伊直政、本多忠胜、榊原康政、本多正信、大久保忠邻和德永寿昌6人，可以继续推进对各路大名立场和战绩的调查取证工作，以此作为赏罚的依据。同时，第一批领地分配从10月15日开始陆续发布：

西军大名之中如果是战死、处决或是自杀身亡的，领地就完全除封。

西军的首谋、五奉行之一的石田三成，原领近江湖北三郡（19万石），居城佐和山城被攻破，除封。

五奉行之一的长束正家，开城并自裁，原领近江水口城（5万石），除封。

五奉行之一的增田长盛，原领大和郡山（20万石）。关原之战期间驻留大坂城，试图两方斡旋，却依然受到处罚，本人流放高野山，领地除封。

五大老之一的宇喜多秀家，原领备前、美作两国及备中一部（57.5万石），此时依然处于生死不明的状况，被视作自杀身亡，除封。

大谷吉继，关原之战中战死，原领越前敦贺（5万石），除封。

小西行长，原领肥后半国三郡（24万石），居城被宇土城被攻破，除封。

安国寺惠琼，作为外交僧并无多少领地，一些晚出的资料有意无意将其也抬到大名的地位，还说他在伊予拥有2.3万或6万石的领地，但这并无权威史料证明。不过安国寺惠琼曾经在日本侵朝期间搜罗了一些朝鲜的书籍，加上旧藏书籍共计200余部。德川家康将书籍没收，转赠给他所信任的足利学校第九世庠主（相当于校长）三要元佶，三要元佶便在京都伏见创立圆光寺，并仿照足利学校的模式设立学校，将这批书籍作为学校的藏书。

还有很多西军将领因为即时投靠东军，免去了没收领地的处罚，比如先前检举上杉方的堀秀治（越后春日山55万石），关原中策反的胁坂安治（淡路洲本3万石），五奉行之一的前田玄以（丹波亀山5万石），后期参战的锅岛直茂（肥前佐贺35万石），不过并不是每个倒向东军的西军将领都能保证领土完整。

织田信长的嫡系后人织田秀信，原领美浓岐阜（13万石），战后前往高野山出家，除封，家门断绝。

立花宗茂，原领筑后柳川（11万石），除封，不得不走上进京上访讨回公道之路。

丹羽长重，投降，原领加贺小松（11万石）。原本奉德川家康之命监视前田家的动向，不想却投入了西军阵营，阻碍前田军的行动。虽然他与前田利长达成和解，并一同拜见了德川家康，却依然免不了被除封。

前田利政，原领能登一国（约40万石）。由于个人原因不愿同兄长出兵，被兄长前田利长扣上了西军的帽子，除封，本人则被迫隐居京都。

长宗我部盛亲，原领土佐一国（22.2万石）。关原战败后逃回本领，并且通过井伊直政向德川家康谢罪。原本他以为可以延续家名，却因杀害了兄长津野亲忠，遭到除封。

真田昌幸，原领信浓小县上田、上野沼田（6.5万石），其中的上野沼田（2.7万石）分给长子真田信幸管理，真田昌幸带着次子真田信繁守护上田城。关原之战期间，作为德川家康养女婿的真田信幸投靠了东军，而真田昌幸、信繁父子却因拒不投降，延误德川秀忠与东军会合，先被判处切腹，但经过真田信幸（之后被迫改名信之）苦苦哀求，免于一死，改判流放于纪伊九度山，除封。领地实际上全部转到真田信幸的名下。

宫部长房，原领因幡、伯耆及但马一部（13万石）。关原合战中由东军叛变入西军，除封，后出仕南部家。

小早川秀包，毛利家最伟大的当主毛利元就的第九子，原领筑后久留米（约

小早川秀包画像。

13万石），除封。小早川秀包便回归本家，毛利辉元给他在长门找了一块安置地。因为小早川秀秋的叛变，导致关原之战西军失利，并间接导致毛利家遭到减封，所以毛利家对“小早川”这个名头深恶痛绝，不得已小早川秀包恢复“毛利”苗字，并在大德寺剃发出家，法号“玄济道叱”。实际上他的身体已经很差了，没多久便咳血而亡。

德川家康没收诸家领地大约500多万石，这其中还包括少数叛变或是战争不力的东军方领地。另外，丰臣家的直属领地从222万石被削减为65万石，丰臣秀赖不知不觉就变成了中上等大名。

在没收西军大名领地的同时，德川家康也展开了对东军武将的封赏。东军武将实际上可以简单划分成两大派系，一派是以福岛正则等人为首的丰臣系武功派，德川家康就是靠着这些人与丰臣系文治派的内讧，达到自己的政治目的。德川家康对这些人实际上是心存忌惮的，在前面提到的福岛正则抗议事件，他也只能选择牺牲自己的家臣，以此换来东军内部的和谐。另一派自然就是德川秀忠、结城秀康、松平忠吉诸子以及德川家的谱代重臣，这些人自然是德川家康的嫡系。在关原之战前的行兵布阵过程中，出现了几次意想不到的变化，使得德川家康对于德川秀忠率领的3万大军的运用存在矛盾心理，他既想利用德川秀忠的部队震慑丰臣系武功派，防止他们抢夺战功或者临时倒向西军，又顾虑德川家可能会重蹈织田家的覆辙。

因为在本能寺之变中，由于织田信长、信忠父子在短时期内先后死亡，导致织田家缺乏强有力的家主，丰臣秀吉才有机可乘，篡夺了织田家的权力。在如此矛盾的心态之下，加上客观因素的影响，最终导致德川秀忠没有赶上关原之战，失去了夺取战功的好机会，如此一来，德川家康失去了给儿子的嫡系部队大幅加封领土的借口，只能另辟蹊径。虽然必须拿出大量没收的土地来满足丰臣系大名，但可以效仿当年丰臣秀吉对待自己的策略，用转封的方式将丰臣系大名置换出要害之地，这样一来，对德川家的威胁也可以降低很多。

对于大名的封赏，除了10月12日单独封赏关原之战的最关键人物小早川秀秋，其他的集中在10月15发表。共计56家大名获得封赏，其中新封大名13家，移封22家。另有69家保持领地石高不变，7家等禄转封。

丰臣系大名中有很多与德川家康结亲，这些大名无论亲疏，构成了德川家的外样大名。德川家康在将亲女儿嫁完后，也将养女分别嫁入大名家。并借此分出亲疏差异，亲女婿可以安排在重要的地区，对于养女婿则采用明升暗降，转封迁移的策略来对待。

池田辉政，原本与德川家康有杀父之仇，但经过丰臣秀吉牵线，迎娶德川家康次女督姬。关原之战中在米野合战、岐阜城攻战中表现活跃，关原之战后警备京都。原领三河吉田（15.2万石），战后移封播磨姬路（52万石），这里是丰臣秀吉的起家之地，位于大坂身后。

蒲生秀行，迎娶德川家康三女振姬。关原之战中同结城秀康一并留守宇都宫牵制上杉景胜。原领下野宇都宫（18万石），返回家族旧领陆奥会津（60万石）。

前田利长，其父前田利家有将近百万石领地，号称“加贺百万石”。前田利家退位之时，将领地一分为三，自领加贺（23万石），长子前田利长领越中（33万石），次子前田利政领能登（40万石）。前田利家去世后，其领地被前田利长继承。关原之战后，前田利长将弟弟的领地没收归己，同时与德川家康定下两家的亲事。德川家康大笔一挥，将丹羽长重等人的领土作为孙女的嫁妆赐予前田利长。如此前田利长不仅拿到了父亲的全部领地，还获封新领土，总计约119.5万石。成为除了德川家康之外无损五大老旧领的第一大藩。

黑田长政，德川家康的养女婿，小山评定中替德川家康说服福岛正则，其后作为先后策反小早川秀秋、吉川广家等西军重要将领，其父黑田如水也在九州立下战功。原领丰前中津（18万石），战后移封筑前名岛（52.2万石）。黑田如水在关原之战刚一结束，就料到自己的儿子必然能得到封赏。凭借对中央机构的政治运作的了解，他判定德川家康必然会以丰臣秀赖的名义颁布封赏，但他觉得这样没意义，必须要从德川家康那里获得亲自颁发的知行地才有价值。于是他试图通过藤堂高虎的关系向德川家康单独请封。德川家康对于黑田如水这种对一切了如指掌的态度不甚喜欢，决定不给他任何翻盘的机会，封赏自然也无从谈起。

福岛正则及其嗣子都是德川家康的养女婿，关原之战中分别在米野、岐阜、关原等战中担任先锋，后负责接收大坂城。原领尾张清州（20万石），战后移封安艺广岛，领有安艺一国及备后鞆地方大约50万多石。

加藤清正，德川家康养女婿，关原之战期间在九州地区攻陷小西行长居城，并加入黑田如水联军围攻立花宗茂。原领肥后半国熊本（30万石），战后领肥后一国（52万石）。

田中吉政，小山评定中与山内一丰支持了东军，关原之战中带队强攻石田阵，关原后围攻佐和山城并捕获石田三成。原领三河冈崎（10万石），战后获得包括立花宗茂领地柳川城在内30.2万石。

小早川秀秋，关原之战倒戈第一人，原领筑前名岛（33.6万石），转封备前、美作两国冈山（47.4万石），并改名“秀诠”。

浅野幸长，原五奉行之一浅野长政长子，原领甲斐一国府中（21.7万石），转封纪伊和歌山（37.4万石）。

细川忠兴，原领丹后田边（10万石），移封丰前小仓（39.9万石）。

山内一丰，原领远江挂川（5万石），移封土佐浦户（20.26万石）。

藤堂高虎，原领伊予宇和岛（8万石），移封伊予今治（22万石）。

加藤嘉明，原领伊予松前（10万石），原有基础加增10万石。

虽然德川家康的嫡系人马在整个关原之战乃至后续的余波中出力甚少，但也免不了要有所恩赏，只是适当克制。

德川家康次子结城秀康，关原之战中驻下野宇都宫城，担任会津讨伐军副将，德川秀忠西上后担任总大将，监督奥羽诸将围攻上杉家。原领下总结城家领（10.1万石），战后加增越前北之庄（65–68万石），那里曾是织田信长重臣柴田胜家在北陆的基地。

第四子松平忠吉，关原一战中表现活跃，斩杀岛津丰久，并负伤。原领武藏忍（10万石），战后移封至福岛正则旧领尾张清州（39–52万石）。

德川家的谱代重臣加增幅度更小，但多数安置到重要位置。他们一方面要监视大坂的情况，另一方面还要提防丰臣系大名，可谓位卑而权重。

井伊直政原领上野高崎（12万石），转封至石田三成的旧领佐和山（18万石），控制东西国往来的要道。

奥平信昌原领上野小幡（3万石），转封至美浓加纳（10万石），也就是织田秀信的旧领，其祖父织田信长发迹之地。

其他谱代则被安置在东海道的骏河、远江、三河等国，也就是德川家康转封前的领地，他们的领地更小，大的不过五六万石，却保证了德川军从关东进军畿内的快速通道。

不过跟随德川秀忠一路奔波的武将，比如榊原康政、仙石秀久等人，劳而无功，只能保全领地而已。

关原之战后的领土分配，对于德川家康控制日本政局来说是非常关键的一步。丰臣秀吉临死前设想的五大老、五奉行互相牵制侍奉丰臣秀赖的格局完全被打破。五大老之中的宇喜多秀家领地完全被没收，毛利辉元变为中等大名，前田利长是自己的盟友。上杉景胜虽未归服，却被看似弱小的最上家纠缠，已无翻盘之力。而五奉行中最顽固的三奉行石田三成、增田长盛、长束正家，则该杀的杀，该罚的罚。德川家康已经完全可以用自己的人马来填补这些政治上的空缺。

当时日本的的几个主要的都市奈良、山田、伏见都被收为德川家的直辖地。

家康次子结成秀康画像。

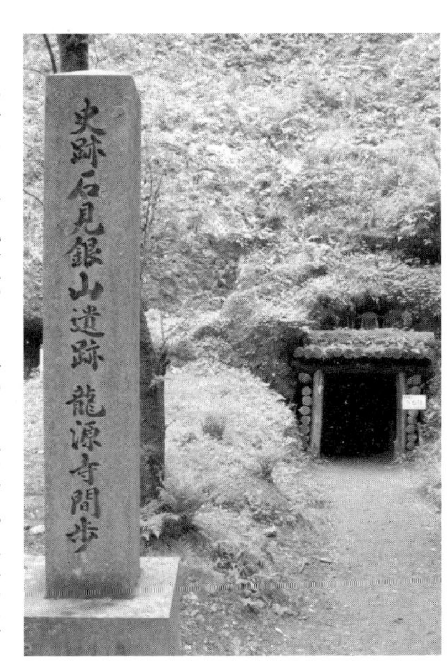

石见银山矿洞入口纪念碑。关原之战后不过一个月，大久保长安便被派去接收石见银山，随后又接收了上杉家占据的佐渡金矿。

原本是石田三成一手控制的堺町，设立了堺政所（堺奉行的前身），由成濑正成、米津亲胜、细井政成负责管理。丰臣时代的尼崎郡代建部光重、长崎代官（长崎奉行的前身）寺泽广高则暂时不动，等待过渡交接。

控制这些主要的都市，不仅能够强化对朝廷和丰臣家的监控，还能掌控日本的经济命脉。比如堺町和长崎都是重要的贸易港口。此外，日本各地的金银矿藏的控制权也依次落入德川家手中。德川家具体负责金银矿事务的是前武田家臣大久保长安。关原之战时，大久保长安跟随德川秀忠一路负责押运辎重，虽然德川秀忠的人马大多没有得到土地封赏，但大久保长安得到了德川家康格外的器重，接连任命其为大和代官、甲斐奉行、石见奉行、美浓代官等，数官兼任，相关辖区内的金银矿藏都归其管辖。在其治理期间，一方面由于日本各地陆续发现新的金银资源，而且储量丰富，另一方面，日本开采冶炼金银的技术有所提升。因此各地金银矿藏产量都出现了激增。当时的中国明朝对日本的白银需求量极大，也促使了日本一跃成为白银出口大国。

德川家康对于没收领土的大肆分配，依然是打着丰臣秀赖的旗号，但是却不给受赏的大名颁发朱印状作为土地凭证，而是完全通过自己委派的专人进行口头传达，这种无凭无据私相授受土地的行为，如果按照程序正义的原则是没有合法性的，但是无论是受到处罚的大名，还是接受封赏的大名，都不敢在这个问题上置喙，可见德川家康的威势已经到了何种地步。德川家直接吞掉丰臣家100多万石的领地，变成400多万石的超级大名，理论上已经是日本最高统治者。在非正式场合，已经开始有人将德川家康称为“皇帝”，剩下的只是如何从辅佐“成王”的“周公”进阶为名副其实的“天子”的法理道统问题了。

初立法统

12月19日，曾经在织田信长时代担任过关白的九条兼孝，在德川家康的推动下重新担任关白。如此一来，自从丰臣秀次被杀之后悬空5年的关白之位，再度回到朝廷公卿的手里。原本这个位置是默认留给成年后的丰臣秀赖，德川家康通过这个手段，既涉入朝廷事务，又削弱了丰臣秀赖的政治地位，可谓一箭双雕。

从庆长六年（1601年）开始，德川家康就退出大坂城西之丸，重新进入伏见城处理政务。丰臣秀赖身边的重臣，主要是片桐且元和大野治长。片桐且元名列“贱岳七本枪”之一，却资历平平，片桐家原本就是淀殿娘家浅井氏的家臣。大野治长母亲是淀殿的乳母，其本人和淀殿之间传有绯闻，甚至有人认为丰臣秀赖实际上是大野治长与淀殿私通之子。大野治长之前因为涉嫌谋杀德川家康遭到流放，后来因加入东军免罪。此二人的能力经过德川家康评估，确信他们掀不起大浪，所以恩准继续侍奉淀殿母子，但同时也要承担一部分德川方面分配的日常事务，借此束缚他们的手脚。

对于德川家康而言，成为真正意义上的日本国王或者日本皇帝至少要分两步，第一步是解决丰臣秀赖的问题，第二步是解决日本天皇的问题。虽然德川家康几乎夺走了丰臣家大部分的自留地，却没有合法的手续，法理上也可以理解为代管，而丰臣秀赖除了保留摄津、河内、和泉三国的65万石的实际领有权之外，还在山城、近江、备中、信浓、大和、丹波、伊予等地拥有零碎的飞地，依然能够撑起“天下人”的空架子。伊达政宗认为，既然德川家康有意要代替丰臣秀赖行使权力，就不能将他仅仅安置在大坂城，而是应该将他带在身边，牢牢看管，等到他长大成人之后，再根据实际情况决定是否把一部分政治权力让渡给他。如果放纵丰臣秀赖在大坂自由生长，早晚会有人借着他的名义生事端。德川家康后来也一直想找机会将淀殿母子从大坂城请出来，却没能成功。

丰臣秀赖的事情，对于此时的德川家康来说可以不必耗费太多精力，对于京都的朝廷可以先做布局。次年8月，德川家康任命板仓胜重取代奥平信昌担任京

后阳成天皇画像。

都所司代，将京都及其周边的皇室、公卿领地进一步看管起来，同时也要监视和限制大坂与京都之间的非正常往来。由于京都周边寺院众多，僧侣出身的板仓胜重更胜任此项工作。

德川家康为了表示对皇室的尊崇，赠予皇室和公卿大量的土地，通过监控和利益施与，接管了丰臣家对皇室的控制，以天皇为首的皇室和京都朝廷继续扮演政治傀儡的角色。

当时的日本天皇依然是后阳成天皇，皇储原本为天皇的第一皇子良仁亲王。不过由于丰臣秀吉生前过度插手皇家事务，使得后阳成天皇产生逆反心理，在丰臣秀吉死后没多久，他就提出想让自己的弟弟智仁亲王担任皇储，然而这一主张却在丰臣家和公卿们的一致反对下搁浅。德川家康取得关原之战胜利后，天皇又想启动这一动议，不想德川家康又产生了另一层顾虑。原来智仁亲王曾经拜在丰臣秀吉门下当“犹子”，德川家康认为智仁亲王与丰臣家的关系太密切，于是坚决反对让他担任皇储，后来干脆强行送往仁和寺出家，另一方面良仁亲王也不能继位，改立后阳成天皇第三皇子政仁亲王为皇储。

政仁亲王之母名为近卫前子，其父即近卫前久，其兄就是跟随岛津义弘从关原败逃的近卫信尹。近卫前久早就和德川家康建立了密切的关系，近卫信尹与岛津家有过命的交情，于是近卫前久也就担负起调解岛津家与德川家之间矛盾的中间人。

此时上杉军的问题也逐渐有了眉目。

自从上一年上杉军从最上家撤兵，最上与伊达家就联合起来进行反攻。年底由于大雪暂时中止，第二年依然继续攻击上杉军，夺取酒田、横手二城。2月上旬，德川家康指示结城秀康催促上杉景胜上京谢罪，唯有如此才能换来上杉家继续存在的资格。上杉景胜苦恼万分，最终在直江兼续的陪伴下，于8月16日上京向德川家康谢罪。没多久，对上杉家的处分也随之下达。原本拥有陆奥会津、白河、田村、安达、信夫、伊达及出羽庄内、置赐八郡，另佐渡一国共120万石的上杉家，只能拥有出羽半国，陆奥二郡大约30万石的领地，也和毛利家一样，由大大名变成了中等大名。居城由陆奥会津转移到出羽米泽，也就是原本直江兼续的领地。

与此同时，最上义光由于对抗上杉军有功，不仅原领出羽山形（24万石）得以保全，还加增33万石。

对于伊达家的赏赐，要令伊达政宗失望了。早在德川家康从江户城前往关原的8月22日，为了压制原本准备打击的上杉景胜，他许诺给伊达政宗加封陆奥国的刈田、伊达、信夫、二本松、盐松、田村、长井七郡，这些都是之前伊达家的旧领地，被丰臣秀吉夺走。伊达政宗所拥有的58万石领地，加上七郡49.6万石，可以凑够100万石，因此德川家康这封许诺书被称为“百万石之御墨付”。然而实际情况却是，上杉军围攻最上家的时候，伊达家基本上作壁上观，只是在上杉军撤退的时候象征性地追击。更有甚者，南部家领地内发生了暴乱事件，根据调查得知是伊达家煽动所致。虽然伊达政宗在处理丰臣秀赖的问题上积极给德川家康献言献策，但对于德川家康而言，伊达家的利用价值仅此而已，基于以上理由，德川家康仅仅抛出刈田一郡的3.8万石的领地就把伊达政宗给打发了，“独眼龙”为此生闷气直到老死，但也无可奈何。

而岛津家的问题，则一直拖到了庆长七年（1602年）4月，德川家康终于表示认可岛津家的自辩，将所有责任都推到岛津义弘头上，岛津家可保领地完整，岛津义弘只需继续保持隐居的状态即可，无需自裁或流放。8月，岛津忠恒代替伯父上京向德川家康请罪，此后岛津义久将家督之位转让给岛津忠恒，岛津家正式进入两位隐居家督和一位在任家督的三头政治格局。

与岛津氏同时解决的，还有关东大名常陆佐竹氏。佐竹义宣，原领常陆水户（54.6万石）。他本人与石田三成和上杉景胜交好，但其父兄与家臣都倾向于东军。于是佐竹义宣只能表现出中立的立场。德川秀忠滞留上田城之时，佐竹义宣向其派遣了300骑作为援军。此后一直坚守领地，试图保持中立。后来上杉军与最上家缠斗之时，佐竹义宣才意识到上杉军败局已定，担心受其连累，于是先在神奈川向德川秀忠表示歉意，再前往伏见城请求德川家康能够保存自己的家名。此年3月又前往大坂城拜谒德川家康和丰臣秀赖，最终被判移封至出羽秋田（20.6万石）。佐竹家不得不离开守护了近500年的根据地。自此，关东地区再无强大的大名可与德川家康抗衡。

德川家康将自己的第五子武田信吉移封到水户，统领武田家的旧臣，希望他能撑起新的武田家门面，不过事与愿违，一向身体孱弱的武田信吉第二年便因疥疮发作而死，年仅21岁。

德川家康第六子松平忠辉是伊达政宗的女婿，由于长相黝黑难看，虽然不讨父亲的喜欢，但好歹也是自己亲儿子，于是出于照顾让他移封至下总佐仓（5万石）。

10月18日，改名小早川秀诠的小早川秀秋得急病死去，享年也是21岁。坊间传闻，他是被战死的西军将领大谷吉继诅咒，恶灵缠身，癫狂而死。不过有可靠的记载表明，小早川秀秋年纪轻轻就染上酗酒的毛病，他的死更有可能是酗酒导致的。对于德川家康来说，小早川秀秋的死使得关原之战突然倒戈的真相更加无解，当然是再好不过了。他死后没有子嗣，领土便被没收，后来一部分领土转封给了池田辉政的次子池田忠继。

解决了上杉、岛津、佐竹等诸家大名的问题，德川家康终于有更大的底

小早川秀秋在后世成为叛徒代名词，虽然他死去最大的可能性是得急病，但各种秀秋"不得好死"的传言不断，包括处理农民纠纷时被人一脚踢中裤裆而死，以及如此图所表现的样子被大谷吉继鬼魂作祟而死。

气解决自身的合法性问题了。既然九条兼孝当了关白，而且名义上要等到丰臣秀赖成人之后继任，德川家康也就不会谋求关白之位。而另一方面，武家社会真正的王者头衔是“征夷大将军”，自从室町幕府十五代将军足利义昭于天正十六年（1588年）辞任后便一直悬空，德川家康早就看准了这一点，打算填补这个空缺。

庆长八年（1603年）2月12日，后阳成天皇以权大纳言广桥兼胜与参议劝修寺光丰为敕使，前往伏见，宣示总计有六种任命的八道敕旨，任命德川家康为：征夷大将军兼从一位右大臣，同时担任源氏长者，兼奖学、淳和两院别当，并享有牛车、乘车出入宫中许可，随身兵仗的特权。所谓“源氏长者”，其实就是源氏家族的族长，由源氏家族中官位最高的人担当，可以干涉日本源氏家族所有成员的官位授予事宜。到了室町幕府时期，从三代将军足利义满开始，成为将军家的荣誉称号。奖学院是培养贵族子弟的学院，淳和院是皇室行宫，过去都是由源氏长者负责管理，属于“源氏长者”的专有标志。

经过一番礼仪，德川家康正式接受了借朝廷之手给予自己的“任命”，也宣告着德川幕府的正式成立。在德川家康就任将军之前，每当新年之时，各地大名上京道贺，往往是先拜丰臣秀赖，再拜德川家康。德川家康本人也要前往大坂城向丰臣秀赖行礼。担任将军兼右大臣之后，德川家康把原来的内大臣之位留给丰臣秀赖补任，算是继续照顾丰臣家的面子，但自己的官阶已经高于丰臣秀赖了，也就不再于节日期间前往大坂城拜谒了。

7月，按照丰臣秀吉的遗命，德川家康促成德川秀忠之女千姬与丰臣秀赖完婚，当时丰臣秀赖11岁，千姬不过7岁。此后，丰臣秀吉的遗孀北政所在京都出家为尼，法号“高台院”，在德川家康的庇护下颐养天年。

11月，岛津忠恒再度上京之时，给德川家康引荐了一个关原之战的重要人物宇喜多秀家。据说宇喜多秀家在萨摩已经剃发出家，但依然不安分，还妄想从岛津家借兵攻打琉球。岛津忠恒为了进一步缓和与德川家的关系，便把他作为人情抛了出来。宇喜多秀家做梦也想不到，原本与他平起平坐的德川家康，已经成了德川幕府将军，自己这个所谓的“丰臣家大老”身份早已一文不名。在岛津义弘和夫人娘家前田家的担保之下，死罪免去，但活罪难饶，被判处在骏河国久能山幽闭。3年后改判流放伊豆八丈岛，开始了漫长而又凄苦的流放生涯。

另一方面，德川家康还打算充分利用丰臣秀吉的“剩余价值”。丰臣秀吉临死前选定神号“新八幡”，试图将自己与“八幡大菩萨”相提并论，死后设立丰国神社，由神龙院梵舜担任别当（相当于总管）。而在德川家康看来，“八幡大菩萨”不仅仅代表天皇祖先，还是源氏家族的守护神，不能把丰臣秀吉抬到如此地位，于是改用“丰国大明神”作为新神号。神龙院梵舜为了维系丰国神社的继续运作，与德川家康达成协议，协助他编纂关于德川氏与清和源氏新田氏的谱系，坐实了源氏一族的正统地位，德川家康才能坐稳将军之位。

于是在庆长九年（1604年），后阳成天皇、北政所以及德川家康三方达成一致，共同举办了丰臣秀吉去世7周年“临时祭”，算是初步实现了丰臣秀吉的神格化。

11月10日，九条兼孝辞任关白一职，关白之位暂时悬空，当时很多人都认为，接下去很可能是丰臣秀赖继任了。但事情的发展却出人意料。

庆长十年（1605年）正月，德川家康先从江户进入伏见城。1个月后，德川秀忠在关东、奥羽大名的簇拥下，率领十多万大军浩浩荡荡进入京都。当时在京都的公卿将威风八面的德川秀忠视作当年镰仓幕府的第一代将军源赖朝，甚至用他的官途“右大将”来比拟他。

4月12日，丰臣秀赖继任德川家康辞去1年多的右大臣一职。3天后，德川家康正式辞去征夷大将军一职，保留源氏长者的称号，开始号称“大御所”。德川秀忠则补任丰臣秀赖空出的内大臣一职。5月1日，正式接替德川家康继任征夷大将军。德川家康通过高台院向大坂方提议，让丰臣秀赖出面祝贺德川秀忠继任将军，如此顺水推舟，尽快解决丰臣家与德川家在武家内部的君臣顺位关系。没想到此意一出，却遭到了淀殿激烈的回应，她宁死不肯让儿子向德川家卑躬屈膝，大坂城内一时间人心惶惶，暗流涌动。德川家康见状便只能继续安抚淀殿母子。不过7月23日，近卫信尹就任关白一职，断绝了丰臣秀赖继任关白的可能性。至此，丰臣秀赖名义上只是右大臣，官位比德川秀忠的内大臣略高。

从庆长十一年（1606年）开始，德川幕府以测试忠心为名，动用外样大名对包含城下町在内的整个江户城进行大规模的改造和扩建。所谓外样大名，基本上就是关原之战中属于东军的丰臣系大名。

庆长十二年（1607年），德川家康开始仿照当年丰臣秀吉在大坂城的做法，在江户城修建大名宅邸，让他们的妻子长期居住在江户城下，确立大名们每年一次自费朝见将军的制度。做好相应安排后，德川家康便把江户城交给德川秀忠管理，自己则以“大御所”之名移居骏府。而骏府城的修建更是以国家的名义，无论朝廷幕府还是武家公卿，都要出钱出力，彰显德川家康是日本国王的实际地位。

此时的德川秀忠不过29岁，德川家康在他身边配备的政治团队基本上都是年

位于今日静冈县静冈市的骏府城，这座经历了整个战国时代无数烽火、几经改造的城池，陆续见证过今川家、武田家、德川家的崛起。

关原大战前，战死于伏见城的德川家忠臣鸟居元忠墓地纪念碑。家康战后进入伏见城，亲率众家臣怀念元忠。

资较长的谱代重臣。而自己身边则安排一群中青年武士，为江户幕府继续培养政权核心人才。通过如此稳健的处理手法，江户幕府基本上杜绝了外样大名干涉幕府的可能性。虽然受到德川家康无处不在的“照顾”十分不适，但毕竟是为了巩固自身的权威，德川秀忠也只能接受父亲的安排。

在这期间，德川家康还会见了朝鲜通信使，开始逐步修复因为两次侵朝而破坏的朝、日两国外交，日本的内政外交开始逐渐走向正常化。

就在这一年，德川家康第四子松平忠吉和次子结城秀康相继去世。两人一个28岁，一个34岁。松平忠吉据说是因为关原之战旧伤复发而死，没有留下子嗣。而结城秀康则是死于梅毒。此时的德川家康只剩下德川秀忠和松平忠辉两位成年的儿子，以及义直、赖宣、赖房三个未成年的儿子。距离关原之战仅仅7年，许多当事人纷纷离世，活着的亲历者们境遇和心态都发生了巨变。德川家康一直试图摸索实现德川与丰臣一体化的政治格局，虽然他明显偏向自家血脉，但是将丰臣秀赖纳入德川幕府之中并非没有可能。随着丰臣秀赖的日渐成长，一场新的大战正在悄然酝酿之中，伊达政宗当年的预言终将变为现实。

关原幕后：两个女人的战场

作者/李洁

宁宁：出身淡泊的第一夫人

乱世枭雄背后的军师

丰臣秀吉在日本历史上是个特殊的存在。无论如何没落，日本历朝历代的实权者，即使是一乡一县的小大名，都有其血统上的贵族之气，哪怕是隔着七八代，远到五服外的稀薄血缘关系，总之都能和高贵血统扯上那么一点关系。只有丰臣秀吉，他为了光大丰臣家的血统，编撰身世。丰臣秀吉的发迹史，可以说是一个底层平民逆袭的故事，在这一过程中辅助他平步青云，直上九霄的，正是他的糟糠之妻浅野宁宁。

天正十五年（1587年）9月12日，刚刚升为从二品的浅野宁宁（又名丰臣吉子），在丰臣秀吉的安排下，带着婆婆大政所从大坂出发，迁往京城的聚乐第。这是一次规模浩大的迁居行动，仪仗中有100具车马，200乘轿子，500多侍女，以及堆成山的行李箱笼；不仅车马坐轿和各种用具极尽奢华瑰丽，连保驾护航的大夫和武士，都穿着统一的火红色衣服，极其招摇地向全天下炫富。这一行为相

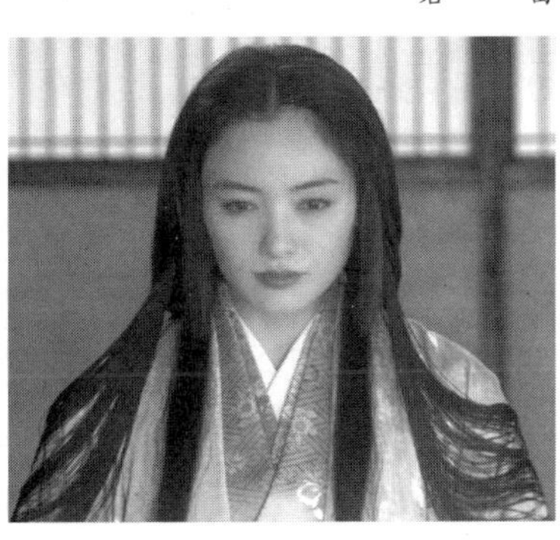

《宁宁女太阁记》中的北政所，仲间由纪惠饰。

司马辽太郎的小说《丰臣家族》又名《丰臣家的人们》。

当于向世人宣布丰臣家是普天下最权威的家族，而丰臣秀吉的妻子浅野宁宁，在这盛大仪仗之中，也成了这个国家最高贵的女性的象征。

这是在《丰臣家的人们》中，司马辽太郎对宁宁出行的描述，虽然有些夸张，但是，作为北政所的宁宁，出行的排场必然不会太小。而这一切，是20多年前，作为一个尾张乡下女子的宁宁，做梦也难以想象的。

1561年8月，时年14岁的宁宁嫁给了25岁的藤吉郎——后来定鼎天下的丰臣秀吉，此时还只是织田信长手下的一个足轻（最低等步兵），既没有显赫的身世，又没有一官半职，自然也没有土地和钱财。然而，宁宁的父亲，织田信长手下的足轻头目浅野长胜，却极其看好他。浅野长胜认为藤吉郎为人光明磊落、头脑灵活、积极向上、勇敢果断，很受织田信长重视，即使目前只是小兵，将来一定会大有作为。

丰臣秀吉甚至连娶亲的新房都没有，他少年时离家出走，与家人多年不通音信，连他的婚礼都没有亲人参加，只有临近的好友前田利家和其妻阿松，前来贺喜。宁宁没有计较这一切，就在自家的草屋中，铺了木板，垫上草席，嫁给了这个农民出身的小兵。

这时，织田信长刚刚取得了桶狭间的胜利，处在扩张阶段，他急需各种人才，并不断提拔自己重用的人。丰臣秀吉在婚后，终于有了自己的姓氏“木下”，称为“木下藤吉郎”，作为一个小头目，他也急需物色自己的亲随。虽然混迹江湖多年，交游甚广，但那些江湖人士大多是无法作为亲随，进而培养成能带兵打仗的将领的，因此他能依靠的只有亲族。丰臣秀吉家中本就人丁不旺，母亲改嫁后，他和继父关系不好，很难借助继父背后的亲族力量；弟弟小一郎又是此时家中唯一的男孩，很难争取到。此时手下无可用之人，对丰臣秀吉来说是最大难题。

而他新娶的夫人——宁宁此时为他解了燃眉之急。宁宁住在尾张多年，连年的战争导致此地几乎全民皆兵。宁宁生父原是织田家武士杉原定利，幼年时，宁宁和妹妹被送到姨母家，其养父浅野长胜也是织田手下的步卒头目。这样的家庭背景，使她拥有丰富的人脉，也让她能够为丰臣秀吉物色足够的人手。

农民出身的丰臣秀吉，看中的不仅仅是宁宁的美貌，他更希望借助浅野家的武士身份提升自己的地位，摆脱农民身份，但让他更惊喜的是宁宁还为他招来了人才。

1570年，加藤虎之助，这就是后来的加藤清正，时年9岁，便随着母亲伊都来到了丰臣家，伊都是丰臣秀吉母亲的同族姐妹。这时的丰臣秀吉早已成为了织田信长的左膀右臂，跟随信长出兵越前。得到织田信长的认可，由木下藤吉郎改名“羽柴秀吉”，各取丹羽长秀和柴田胜家名字中的一字。丰臣秀吉常年在外征战，家政事务全权交给爱妻宁宁，宁宁肩负起了经营家业以及沟通亲族的重任。加藤清正是由宁宁一手养大的，他是丰臣秀吉手下最有名望的大将，能征惯战，为丰臣政权立下赫赫战功，是著名的贱岳七本枪之一。

加藤清正确实是可塑之才，在少年时开始追随丰臣秀吉，作为丰臣秀吉的小姓（侍童），南征北战。他师承兵法家冢原小传次，在刻苦学习和实践中，终成为武艺高超又略通兵法的将领，将一柄片镰枪使得出神入化。此后，丰臣秀吉又让他到蜂须贺正胜和杉原家次处去见习，再接再厉，最终成为丰臣秀吉阵中的主力大将。

加藤清正画像。

福岛正则画像。

加藤清正的熊本城。

如果说丰臣秀吉是从才能上使加藤清正脱颖而出，宁宁则是从感情上使加藤清正从骨子里对丰臣家有了归依感。她恰如母亲一样的关怀，使原本没有谱代家臣、势单力孤的丰臣秀吉从零开始，有了一批誓死效命于他的武将。宁宁的性格豪迈正直，这也影响了这些在她庇佑下成长的年轻将领们。很多年以后，加藤清正作为熊本藩主，建成了“第一坚城”熊本城，以坚不可摧的意志和战无不胜的战绩，深得当地百姓的爱戴，被誉为“清正公”，声望很高，并在当地形成了一种“清正信仰”。

福岛正则也是丰臣秀吉在长滨时收入家中的，同样如同儿子一样被宁宁养大。他是丰臣秀吉叔母的儿子，小名市松，相当于丰臣秀吉的表兄弟，但因来丰臣秀吉家中时年纪幼小，也由宁宁照管。福岛正则比加藤清正有着更加细腻的心思，最初作为丰臣秀吉的小姓和勤务兵，在征战中积累了丰富的经验，最终在贱岳合战中崭露头角，一跃成为贱岳七本枪之首。尽管历史上对这位战功卓著却又弃义背主的大将褒贬不一，但他在内心始终是倾向丰臣家的，他将宁宁视为主母，将丰臣家当成自己家。

在长滨城开始就跟着丰臣秀吉的年轻士兵还有很多，其中还有13岁时作为质子来到长滨的加藤嘉明，他也是贱岳七本枪之一，并且也得到过宁宁的照拂；浅井家臣胁坂安明的儿子胁坂安治，也是贱岳七本枪之一，自然也是丰臣秀吉侍童中的一个。这些未来的将领们，此时在长滨，都得到了宁宁的养育与教导。宁宁仿佛开了一个寺子屋，这些年幼的孩子，是丰臣家未来定鼎天下的得力干将。

此外，还有黑田官兵卫的嫡子黑田长政，德川家康的儿子结成秀康等，都作为质子被养在丰臣家，由宁宁照管，也与宁宁有着深厚的感情。

宁宁的义弟浅野长胜，在本能寺之变后，也开始跟随丰臣秀吉。此人作战勇猛，是丰臣秀吉的得力助手，他虽然军事才能不如新秀们出类拔萃，但处理内政的能力却是一流的；浅野长胜的儿子浅野幸长，也因为宁宁的缘故，得到了丰臣秀吉的信任，继而因为战功卓著，得到了丰臣秀吉的重用。

宁宁在桶狭间之战后成为丰臣秀吉的妻子，再到丰臣秀吉经历的每一次战役，每一次建城，每一次晋升，她所养育，推荐的将领们，为丰臣秀吉立下了汗马功劳。可以说，此时宁宁相当于丰臣家的军师，是决定丰臣家命运的主宰之一。后期作为丰臣家继承人的小早川秀秋，也是宁宁带大的，他曾经为丰臣家打拼天下，并一度成为决定天下局势的关键人物。

由于丰臣秀吉常年远征，在长滨城的宁宁，实际上担任了代理城主，除了管理日常政务，为远征军提供充足的后勤供应，还接纳着一切来投奔丰臣秀吉的亲眷子弟，并抚养庇护着他们。本能寺之变时，丰臣秀吉匆忙赶去争夺天下权柄，长滨陷入孤立无援的境况，而宁宁作为女子，在此刻却显示出了武士家风，在最艰难的时候守护住了家门，使长滨城的年轻一代没有遭到灭顶之灾，保存了丰臣秀吉夺取天下，继而成为天下人的火种。

如果将丰臣家比作一棵大树，丰臣秀吉是埋下种子的人，那么宁宁就是每天为树浇水施肥，为它修剪枝叶，除虫去病，照拂这棵大树茁壮成长的人。在丰臣秀吉以武力平定天下的征程中，独具慧眼的宁宁与其他的侧室夫人均不同，更确切地说，宁宁是他政治军事生涯中的坚强后盾，也是奠定丰臣家基业的决策人之一。

以慈母之心，护佑后辈，平衡后宫

从长滨城开始，丰臣秀吉有了派头，而宁宁也逐渐有了主母风范。在丰臣秀吉远征的时候，宁宁作为城主之妻，认真替丰臣秀吉履行着城主应尽事宜。她不仅要管理家臣和相关的政务，随着丰臣秀吉的官衔越来越大，也使她不得不代为接待一些官场上迎来送往的应酬，所幸在侧近孝藏主的辅助下，宁宁得以井井有条地处理各种事务。丰臣秀吉在得到长滨城后，希望这座城池能够繁荣起来，于是将近江的人口迁徙到此处，发展商业，但丰臣秀吉要忙于征战，所以经营这座城池，还是得靠一直守在城中的宁宁主导。

不过，始终没能生育的宁宁，虽然为其养育着一群从各种渠道得来的孩子，同时辛苦打理着城中的一切事务，但终究还是要与人分享自己的丈夫。宁宁恼于丰臣秀吉的好色，心中一直存有怨气。由于丰臣秀吉常年征战在外，对主家例行的觐见多由宁宁代行，宁宁因此而得以见到织田信长。

可以说，像丰臣秀吉这样农民出身的底层人士，有一位温雅得体的夫人，本身就是一个非常鲜明的对比，更衬得宁宁美貌贤淑、优雅多才。因此，织田信长对宁宁十分赞赏，甚至有些人认为，比起丰臣秀吉来，织田信长更加器重宁宁的才能。宁宁对织田信长崇敬且信赖，在无法忍受丰臣秀吉的好色行为时，还曾向织田信长诉苦。

天正四年（1576年），宁宁带着贺礼去庆祝织田信长安土城的竣工，其间便谈到一些丰臣秀吉的风流之事，但没有记载她是直接对织田信长说的，还是通过其夫人归蝶转达的。总之，织田信长对于下属的妻子向自己告状的行为，确实有点哭笑不得。但他也表示理解宁宁的心境，独自一人带着那么一大群孩子，还要操劳城中事务，足以见宁宁是一位非常有责任心的夫人。况且，如果宁宁始终解不开心结，那么丰臣秀吉后院着火，在前线拼杀恐怕就要三心二意。于是织田信长写了一封长信，而这封信，为丰臣家未来的格局定下了基调，甚至在织田信长死后，影响了丰臣家的气数与运势。

信中说：

致祢祢：

你送来的礼品实在太丰盛了，让我不知道如何回礼，所以这次就不回礼了，当作我欠你的。许久不见，在我印象中本就是十分美丽的你，现在已经是二十分的美人了，像你这样才貌兼备的美女，丰臣秀吉还一再抱怨有所不足，实在是胡言乱语。丰臣秀吉是再怎么找也不可能找到第二个如你一般的妻室了。所以，你尽可放宽心，开开朗朗地做你的正室（当然要有偏房才称得上是正室），要有主妇的风范，不要被人讥讽你善妒。照顾丈夫是妻子的任务，你可要有大家风范。你可以把这封信拿给丰臣秀吉看……

织田信长

向来以“脾气暴躁、喜怒无常、率性而为”著称的织田信长，如此温柔耐心地开导一位下属的妻子，实属难得，许是因为宁宁也是一位难得的女性才让织田信长如此费心。祢祢即宁宁，织田信长这里没有用丰臣秀吉的官职称呼他的夫人，而是称宁宁，足见对这位下属的亲近和对宁宁的认可。在信中，织田信长首先称赞了一番宁宁，夸奖她不仅美貌出众，而且才貌兼备。这不仅是希望平复宁宁因无法生育导致丈夫在外胡来的凄苦，同时也是在警醒丰臣秀吉。“本就十分美丽”，是说当年嫁给一文不名的穷小子丰臣秀吉的宁宁，是当地一位大美人，而“二十分的美人”，则是在称赞她作为贤内助，为丰臣秀吉摆平身后各种事务的优良才能，与正直的品性。

织田信长画像。

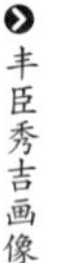

丰臣秀吉画像。

从信中也可以看出，丰臣秀吉曾经抱怨过宁宁，一方面是宁宁无法生育；另一方面，两人最初成婚时，宁宁的地位要高于丰臣秀吉，因此丰臣秀吉在外面拈花惹草，势必要偷偷进行，而在那个男子可以光明正大有三妻四妾的时代，这着实挺憋屈。从男人的角度看，织田信长并不介意丰臣秀吉在外面找女人，但为了内部团结，还是得提醒一下他：无论如何，宁宁才是大家认可的当家主母，其地位是坚不可摧的。这同时也是在教这个正在晋升的下属，面对越来越大的家业，应该如何治理家门。

不过话锋一转，在一席赞美之后，织田信长循循善诱，像一个长辈一样教导她如何做一个合格的主母。宁宁此时已经不再是尾张乡村一个小武士的妻子，而是一方领主的妻子，要宰相肚子里能撑船，有大局观；既然谁也撼动不了主母的地位，又何必与那些花花草草计较。丰臣秀吉此时也接近中年，没有子嗣也确是件烦恼的事，不如接纳丰臣秀吉的侧室她们并没什么值得宁宁嫉妒的，接纳她们，也只是为了更好地照顾自己的丈夫，同时也让自己得到了“贤良”的名声，以及丰臣秀吉的尊重。

织田信长的一番点拨使宁宁的心境更上一层楼，她不再局限于一个小女人的悲喜，而是站在更高的角度来看问题；对于自己作为一个领主妻子的责任，也有了新的认识。在此之后，丰臣秀吉娶了很多位侧室，而宁宁并没有再与他计较，也没有苛待侧室们。她一如既往地忙碌于培养丰臣家中的男孩子们，如慈母一般看着他们逐渐由幼童变成少年，再从一个个愣头青，变成丰臣秀吉的得力助手，甚至是统领一方的大将。

此外，宁宁也协助丰臣秀吉处理好与家臣之间的关系，由于丰臣秀吉本身并非世家大族，所以很多隐性关系，需要靠裙带关系来维持。比如与丰臣秀吉交好的前田利家，他的夫人阿松就与宁宁是好闺蜜。在丰臣秀吉最困顿的时候，前田利家住在他隔壁，阿松夫人与宁宁经常隔着一道篱笆墙闲聊，增进彼此之间的感情，宁宁也经常向阿松借一些日常用品。在丰臣秀吉发迹后，宁宁也不忘当年的友情，时常关照前田家，与阿松夫人的友谊一直保持到晚年，在前田利家去世后，阿松夫人在处理家内事务遇到困难时，也得到了宁宁的指点。

丰臣秀吉的侧室有十几位，当然，他染指的女人可不止这些，甚至有传言说他见到稍有姿色的女人都会与之过夜。据说女豪杰立花訚千代去觐见丰臣秀吉的时候，腰间系着胁差，手执大薙刀，全副武装，让丰臣秀吉无从下手，只有赞叹。当时在肥前名护屋城，很多大名的妻子都伺候过丰臣秀吉。

宁宁随着年龄的增长，眼界也越来越宽广，因此，她更能以一种超然的态度来处理后宫事务。侧室中，有织田信长的第五个女儿三丸殿；京极高吉的女儿京极龙子，也称松丸殿；蒲生氏乡的妹妹三条殿；织田信长的侄女姬路殿；还有前田利家的女儿，被称为加贺局的摩阿。这些都是当时数一数二的美女，并且有一个共同的特点，都是名门闺秀。

有人说，这与丰臣秀吉的出身有关，因为他出身低贱，因此，即使在后来发迹执掌天下时，也依然觉得缺憾，遂想借由另一半来抬高身价。宁宁看得多了，也渐渐理解了丰臣秀吉的心情，也就随他去了，而且这些名门闺秀，大都家教良好，虽然有些小女人的心思，但宁宁并不计较。即使后宫的人再多，也无法撼动她作为主母的位置，这是早前织田信长那封信，在丰臣家定下的基调，也是她与丰臣秀吉的默契。所以，她不仅不会与那些年轻漂亮的侧室们争风吃醋，反而会尽量照顾她们的心情，偶尔调停一下她们之间的矛盾。

但即使满院姹紫嫣红，丰臣秀吉依旧无法满足。在他的视野中，最高水准的女人乃是织田信长的妹妹阿市，美貌而且是武家出身，是丰臣秀吉心目中最完美的女性，只不过他最终没有得到这个高高在上的女子，但她两任夫君都死在丰臣秀吉手中。阿市死后，丰臣秀吉退而求其次，开始追求阿市的长女浅井茶茶。经过如同作战一般周密的部署和努力，最终如愿以偿。

此时的宁宁，已经是众人眼中尊贵的北政所。丰臣秀吉对于每一个成为他侧室的女人，都曾宠幸过一段时间，但是，从来没有哪个女人，如同茶茶一样特殊。丰臣秀吉不仅在她身上花费了极多的心思，此后还送了她一座淀城，并且因为茶茶的缘故，在相关事宜上对宁宁小心翼翼，谨防她阻挠自己的好事。

宁宁虽然觉得这个淀殿非同一般，但也仅仅是对一些举动吃惊而已，并未改变自己一如既往对于后宫事宜的超然态度。丰臣秀吉虽然好色，但他后宫中的侧室都是有来头的，并且有着政治上的意义，淀殿也不例外。不仅仅是因为她结合了织田家和浅井家高贵的血统，而且因为她代表了近江势力。最初，淀殿并没有代表某股政治势力的自觉，丰臣秀吉在世时，她基本上都在深宫中带孩子，即使与一些近江的臣僚们私下有联系，也仅仅是礼仪上的沟通。但对近江派来说，她是个象征，是浅井氏高贵的千金，是他们精神上的新的支柱。

不过，最初宁宁也并没有认为淀殿与其他侧室有太大的不同，既不会亲近她，也不会刻意疏远她，当然更不会无故去苛待她或者迫害她，宁宁一直未将她放在心上。不过，丰臣秀吉对淀殿的态度，却使后宫不断产生风波。

在醍醐寺赏花会上，刚刚得宠的淀殿和一向受宠的京极龙子产生了冲突。丰臣秀吉喝了酒，看向花团锦簇的后宫嫔妃们，有点熏熏然不知所以。接着他将第

醍醐寺。

一杯酒给了宁宁，而第二杯酒，按照宫中原有的地位，原本应是京极龙子，但淀殿来了之后，显然越过了京极龙子，于是淀殿抢过了酒杯，京极龙子当仁不让，两人对于谁应该第二位喝酒相执不下。这个时候宁宁站出来了，宁宁和京极龙子素来往来较多，算是后宫中相处较融洽的，按理说，宁宁应该更偏向京极龙子。不过，她并没有将酒杯给京极龙子，当然，也没给有了子嗣，风头正盛的淀殿，而是将酒杯给了前田利家的夫人阿松。

前田利家从年轻时就是丰臣秀吉的朋友，此时更是劳苦功高的重臣，在丰臣秀吉的心目中，他的地位丝毫不逊于德川家康，他的发妻阿松也是素有威望的战国夫人之一。宁宁将酒杯给了阿松，既表达了对功臣老将的尊重与慰劳，也化解了酒会上后宫宫斗给众人带来的尴尬。她和阿松的调停，使后宫的纷争得到平息，淀殿和京极龙子的关系也没有进一步恶化。在后期，京极龙子还曾作为淀殿与宁宁之间交流的使者，沟通着丰臣家内部的事务。

丰臣秀吉一直对宁宁是尊重的，并且这种尊重是怀有深深爱意的。不仅仅是因为宁宁在培养新秀上的功劳，以及沟通与臣下、眷属的关系，抑或是在平衡后宫纷争中的重要作用，更是因为这位发妻自始至终都是从丰臣家的角度，凡事为丰臣秀吉考虑。可以说，宁宁的旺夫，是她对丰臣秀吉多年感情的体现，她没有亲生儿子，因此不必像淀殿那样有所期待，在丰臣秀吉在世时，她所做的一切，都是为丰臣秀吉和丰臣家做打算。

即使有了梦寐以求的女人淀殿，丰臣秀吉对宁宁依然体贴如旧。他在外远征时，还不断写信给宁宁，口吻如同坐在同一个榻上闲聊的老夫妻一样：“此次九州之役使我衰老了许多。不知不觉之中，头上已增添了许多银丝，白发如此之多，以至于已无法一根根拔去。真叫我回大坂时，愧见夫人。……然则，我虽已白发斑斑，如是其他女人，则又当别论，而与夫人相会，则可完全不用介意。话虽如此说，但我头上的白发也真增加得过快了。”即使将众多名门闺秀娶进门，丰臣秀吉依旧是糟糠之妻不下堂，并且还将其捧上了天。虽然他的措辞令宁宁发笑，但如此体贴，也让宁宁心安。

太阁身后：武功派与文治派的争斗

传说丰臣秀吉一直很介意自己的出身，所以百般讨好皇族，送金银土地，急皇室之所需，还想方设法将皇室后人八条宫智仁亲王收为犹子，为他建宫殿。这些，都只为得到认可，以提升地位，使自己行事的身份合法化。他喜欢排场与奢华、学习诗歌、修习茶道、附庸风雅，无一不是对少年时期贫贱生活的一种过度补偿。

反观宁宁，她却不会有这种心理，作为武士家族的女儿，即使曾经困顿，她也依然保持着从骨子里透出来的自信。传说她在会见公卿或臣下女眷之时，并不会正襟危坐，她会不时变换姿势，以求舒服，如同普通人家中主妇一样随意。她与人谈话的时候，不会刻意地说官话，而是自始至终都用尾张方言，即使当着很多人的面，与丰臣秀吉聊天的时候，也会用尾张话，丝毫不会顾忌身边的侍女与家臣。就是这样一个坦率的女人，她身上自有一种魅力，使很多人围绕在她身边。

在宁宁身边，隐隐形成了一个小圈子，其中包括她在长滨时，那些来自各种渠道的男孩子们，以及其后与这些人走得近的尾张关系户们，到了后来，他们渐渐成为尾张派的代表。其中都是丰臣政权中武功派，包括加藤清正、福岛正则、浅野长政、藤堂高虎等等这些核心人物，还有一些后期归附的尾张派。

宁宁俨然成了他们的精神领袖，虽然丰臣秀吉是典型的乾纲独断，但在很多晋升和奖惩时，宁宁也会发表意见，尽量为尾张派争取更多的利益和晋升空间。而丰臣秀吉也不会认为宁宁的干预有何不妥反而觉得理所当然，毕竟帮助他打下天下的，基本都是宁宁推荐的尾张武将。

秀吉赠送给皇室的纯金茶室。

丰臣秀次。

宁宁一度相当于丰臣家的总管，但是，在淀殿生下孩子后，一切开始逐渐转变。这位出身于近江的名门之女另立门派，成为一直被尾张派打压的近江派的主心骨。淀殿生下鹤松后，政治地位逐渐提升，近江派也开始重新活跃起来。

丰臣秀吉并非看不懂这两派争斗的实质，但他是个精明的统治者。在两派纠纷不断时，他只需等待时机再居中调停，从而在两派之间树立权威，以此稳固自己的地位。但是两派之间不可能一直保持平衡。因此，从鹤松出生后，天平就开始倾斜。

原本其养子丰臣秀次经过多年的历练，一直处于上位的临界点。丰臣秀次是丰臣秀吉的外甥，属于至亲骨肉，如无意外，继承丰臣秀吉的事业指日可待。但是，淀殿的儿子成了意外，丰臣秀吉原本对自己有亲生子嗣已不抱希望，没想到年过半百，却又喜得贵子。这个贵子，对于丰臣家是吉利的，对于丰臣秀次却是重大打击。

然而没过几年，鹤松夭折了。丰臣秀次的地位再度恢复如初，丰臣秀吉甚至连关白之位都已经让给了丰臣秀次，自己做了太阁。这等于告知全天下，丰臣秀次就是下一任的天下人。丰臣秀次经历了跌宕起伏的命运，性格也已经变得扭曲。

但没过多久，丰臣秀赖又出生了，这时，天下人的继任者再度产生了分歧。丰臣秀赖的出生对丰臣秀次的打击也是致命的，不仅是令丰臣秀次精神逐渐绷紧，进而崩溃，也让他变成了丰臣秀吉的眼中钉。最终，已经做了太阁的丰臣秀吉，以雷霆手段迅速处置了这个自己培养了多年的接班人。

背后，宁宁冷眼看着这一切。

丰臣秀次是丰臣秀吉的外甥，是宁宁从小看着长大的。他虽然在品格上有所缺陷，对丰臣家却是忠心耿耿的，且从未犯过足以抄家灭门的大错，现今仅仅因为挡了丰臣秀赖的路，就招致满门被屠——丰臣秀吉已经不再是当年那个充满人情味的将领了，他随时可以举起屠刀，砍向任何有碍丰臣秀赖的人，即使是骨肉至亲，即使是朝夕相伴多年的人。

宁宁是丰臣家的主母，虽然日常生活中表现得十分随意，但在大是大非的政治问题上，她的思路却很清晰。权力可以让一个原本坦荡磊落、善良率真的人，变得奸诈狡猾、疑神疑鬼、心胸狭窄，甚至疯狂到六亲不认。晚年的丰臣秀吉变得为所欲为、好大喜功、猜忌多疑，他已经很难再与他人分享权力，即使自己的妻子也不行。作为尾张派背后的代表，宁宁的立场也变得十分微妙，轻易开口会造成什么样的麻烦，也很难预知。

宁宁和继承者丰臣秀次的关系，始终平平淡淡，即使她是丰臣秀次名义上的养母，但也仅止于礼仪上的交流。她知道如果自己和他走得过近，像对待自家孩子一样关照他，肯定会让丰臣秀吉起疑心。当然，丰臣秀吉原拟的候选接班人，还有秀秋、秀胜，以及亲戚家中子弟，而这些孩子，都是宁宁不希望他们和丰臣秀次一样下场的亲人。

秀秋是宁宁本家哥哥的孩子，是宁宁的亲侄子。最初宁宁对这孩子非常喜欢，并且十分关照爱护，毕竟，没有亲生儿子的宁宁，能有这样一个孩子承欢膝下，也是一种天伦之乐，秀秋也十分亲近宁宁，比较听话。

但是，宁宁也渐渐地疏远了秀秋，她对外称的理由是：这孩子太蠢笨。然而正是这个“蠢笨”的秀秋，在关原之战中扮猪吃老虎，让东西军双方都焦煎无宁，无论他倒向哪一方，都足以左右战局，改写历史。如果当初宁宁和秀秋过分亲近，并且悉心教导，处处维护秀秋，想必这位金吾将军在关原之战以前，就已经被斩草除根。

不过，即使已如此内敛，在近江派崛起后，她所关照的尾张派，依旧遭到了各种打击。这一时期尾张派的武将们，已经跟着丰臣秀吉屡立战功，大多正是得意之时。然而，由于丰臣秀吉地盘不断扩大，最后上升到国家级别。这时，不是单靠武将就能维持国家运转的，因此，丰臣秀吉起用了近江派的人。

以石田三成为首的近江派文官，因此有了用武之地。即使最初石田三成并非针对尾张派的武将们，但是，由于需要进行制度上的变革和法度上的修正，就不可能不触及很多固有的武将的利益与权威。再加上武将们原本就不拘小节，而他们所崇拜的织田信长，本也是行为不羁、离经叛道的，即使是丰臣秀吉，也希望对他们加诸一些管束。

但这种最初的调整，很快就由于两种不同的立场和地域性格产生摩擦，进而升级为矛盾，又由于丰臣秀吉重用近江人而激化，两派开始相互攻讦，几乎成为敌人。在后期的整套改整过程中，尾张派的武将们，无论是加藤清正、福岛正则，还是小早川秀秋，都曾与近江的文官集团发生过摩擦，他们认为这是近江派对他们的报复，又因为远离权力中枢，使他们认为，这是丰臣秀吉在对他们进行打压，武官内部一时人心惶惶。

自古以来，文官和武将集团就充满着剪不断理还乱的纠纷，所谓文官动动笔，武将跑死马，中国如此，日本亦如是。不过，战国时期应该是个例外。在这一时代，武将才是主导天下走向的历史主角，丰臣秀吉在卧榻之侧还有一个德川家康的时候，就开始安排财政，提升文官地位，努力积攒社会财富，虽然有一定远见，但也欠缺考虑。

宁宁从织田信长的战国大乱斗时代，就一路跟着丰臣秀吉走到今天，她的眼里依然最看重武力值。武将才是实力的代表，她所思考的依旧是如何保存有生力量。但她也是个聪明人，见识过战国无数的权谋杀伐，她的觉悟并不比丰臣秀吉低，甚至在前田利家看来，“北政所夫人，说不定比太阁还强。”这就是在任何局势下，她都能保持淡定，而不会因为急于争名夺利而盲目决策的原因。

在丰臣秀吉大力招募近江人才，经营管理国家时，宁宁并不会否定，甚至在加藤清正因为石田三成诬告他与明将勾结，而从前线被召回，饱受委屈的时候；在小早川秀秋被人诬告，跑到丰臣秀吉跟前大哭大闹的时候，宁宁也没有出面为他们辩驳。

宁宁善知进退，这个时候淀殿与近江派风头正盛，丰臣秀吉也对他们信任有加，如果宁宁袒护尾张派，使丰臣秀吉陷入两难的境地，不仅宁宁自己的立场会很尴尬，丰臣秀吉甚至会怀疑尾张派的武将们将有所企图，因为文官即使拥有再强大的行政权力，一队小兵就可以解决他们。丰臣秀吉对他们的信任，也源于他认为文官对他不会形成威胁，进而不会威胁到他的亲儿子丰臣秀赖，因为文官自身的文弱性，他们必须依附与忠诚。因此，在这一时期，尾张派看似已经被打压，实则却是宁宁的顺势而为。宁宁在全局观和心智上，和德川家康略相似，有一种隐忍成熟的气度。

表面上，宁宁似乎已经完全放手了，不理后宫和前朝的事，一副只想安度晚年的样子。即使丰臣秀吉出兵朝鲜，只带着淀殿，她也并不在意。云淡风轻地如同不关她的事。但是，她时时刻刻关注着整个时局的变化，在关键时刻和适当的时机，还是会顺其自然地庇护尾张派的青年将领们。

京都大地震的时候，因为丰臣秀吉的误解而被罚闭门思过的加藤清正赶来救护丰臣秀吉，宁宁从旁巧妙地夸奖几句，加藤清正终于被解除了惩罚，再回朝中。而此时，丰臣家虽然昌盛，危机却并未解除：内部，文治武功互相争斗永无宁日；外部，战国残存的终极力量，德川家康、上杉景胜、伊达政宗等一些战国大名，虽然暂时归附丰臣秀吉，却依旧存在并环伺在丰臣家周围。

对于淀殿，虽然宁宁本不太在意这个侧室，无论她多得宠，从丰臣秀吉对宁宁的尊重来看，都不大可能动摇宁宁的位置。但正如玄武门之变中，即使李世民不想发动政变，跟着他的将士们也必须敦促他采取行动，因为如此他们才能加官晋爵，建功立业，否则，他们将永无出头之日。

近江派一方也是如此，更何况还有一个丰臣秀赖，一切争斗最根源的因素。宁宁对给丰臣家带来巨大变化的淀殿母子，并没有什么出格的举动，一直都是非常淡漠的。宁宁在乎的，只有尾张派这些她养育长大的年轻将领们，他们才是丰臣家真正的希望，而丰臣秀吉越发衰老，不可能再庇佑他们，在太阁百年之后，淀殿未必容得下他们。因此宁宁不得不为他们寻找一个更稳妥的后盾。

德川家康是个野心家，经历了战国烽火岁月的宁宁不可能看不出来。不过，追求权力的比得到权力的人会更加照顾别人的感受。宁宁明白如果丰臣秀吉去世，那么丰臣秀吉一定会将权柄交给支持淀殿和丰臣秀赖的近江派，以两派不死不休的敌对态势，如果近江派执掌权柄，武将派未来必然没有好下场。

德川家康则不同，这是一个爱惜良将的人，且对近江派也没有好感，如果得到他的协助，那么或许可以保护尾张派。从丰臣秀吉死去后，尾张派开始向德川家康靠拢，就可以看出，在丰臣秀吉生前，宁宁就已经开始为他们的未来做打算了。在饱经战国烽火的宁宁看来，丰臣家以武力平天下，只有保护这些尾张出身的武将，丰臣家才有更长远的前途。

关原之战：成由北政所，败因高台院

司马辽太郎对宁宁，也就是北政所的评价是："她（宁宁）和丰臣秀吉共同培育了丰臣家这棵大树，在丰臣秀吉死后，她又亲自挥剑，把这棵大树连根砍断了，使人感到有一种宁可毁掉，不予他人的近乎豪侠的气概。"对于北政所在丰臣秀吉死后的所作所为，这种说法似乎有一定道理，却又不尽然。

毁掉丰臣家这棵大树的，并不是北政所一人，她或许暗中推波助澜，或许对淀殿和丰臣秀赖不满，但不至于仅仅因为嫉妒就引狼入室。丰臣家的毁灭，原因是多重的。

首先，丰臣秀吉本人晚年的一些政治军事举措，十分偏颇，最终导致诸将离心离德。比如朝鲜战争，蒲生氏乡就破口大骂：“丰臣秀吉这猴崽子没事找事，兴许是发疯了吧。”当时征战刚刚结束，统治尚未巩固，民生凋敝，大规模的海外远征必定劳民伤财，此举实数火上浇油，一些归附不久的诸侯都十分不满，而当时负责发布命令，有谏言权力的，都是围绕在丰臣秀吉身边的近江派。丰臣秀吉此举，无疑给这些近江派们拉来了全天下的仇恨。丰臣秀吉生时没人敢犯上，他死后，这些大名们自然把账算在这些近江的奉行们身上。

与此同时，以北政所为精神领袖的尾张武功派们，在朝鲜战场屡立战功，却因为在权力中枢的近江派的压制，而一个个义愤填膺，两派之间矛盾激化，丰臣秀吉一死，原本他用强权平衡的态势被打破。武功派立刻对文治派发难，丰臣政权在这种两派争斗下，人心惶惶。德川家康对此也乐见其成，事实上真正在其中推波助澜的，正是这位一直韬光养晦、低调谨慎的老谋略家。

所以，即使没有北政所，丰臣家文臣和武将的矛盾依旧是不可调和的，德川家康在丰臣秀吉死后，利用这种矛盾上位也是情理之中的，而北政所为了守护自己一手栽培的年轻将领们，默许甚或引导他们向德川家康靠拢，也是情有可原的。

战国时代的关系，并非单纯的你死我活，而是各种权力制衡，也不是非敌即友的生存模式。

高台寺的丰臣家纹。

北政所目睹了织田家的覆灭，明白天下并非一家固有，而属兵强马壮者为之。织田信长死后，丰臣秀吉并没有拥戴他的继任者，而是取而代之，这就为后世开了先河。

而丰臣秀吉死后，确实没有一个武能安邦定国，文能经略天下的继任者，甚至连一个识人善任的接班人都不曾诞生；丰臣秀赖没有经过打天下这个过程的历练，没有在险境下逆转局面的魄力，更加没有像丰臣秀吉一样征伐战场的奇略，以及吸引臣下为他卖命的魅力。在战国，一个没有优秀领导者的家族，如果执掌权柄，将招来杀身之祸；并且有实力的战国豪雄，也并不会死忠于一个乳臭未干的小孩，更加不会甘心受制于近江那些眼高手低的文臣。

丰臣家的全盘覆没，是北政所最不愿意见到的结果，她看得很长远，也是丰臣家为数不多头脑清醒的人。所以，借助关原之战，她与德川家康妥协，换取丰臣家成为一方大名，借此保存丰臣家，正如同织田信长死后，他的后代虽然没能继任天下，却也保全一方领土，得以传续后世。

丰臣秀吉死后，北政所知道从此再无宁日，在淀殿带着丰臣秀赖入主大坂城后不久，她就迁居于京都三本木的高台寺，落发为尼，法号“高台院”。每日为丰臣秀吉祷告，青灯古佛相伴，远离是非之地和是非之人。北政所以这种退一万步的行为，向大坂表明立场：出家之人无欲无求，与世无争，她不参与接下来的争端。丰臣家接下来无论好运与遭难，都与她无关。现在只有一个曾经的天下人的遗孀，在为她死去的夫君祷祝而已。

但是，宁宁真的就此退出历史舞台了吗？正好相反，从此，被称为高台院的北政所宁宁，才真正从丰臣秀吉背后走出来，引导了接下来的历史走向。

关原之战本可以不打。不过如果提前知道在与德川军对垒时，谁将会按兵不动，谁将会反戈一击，谁将会在战场上消极怠战，谁会固执己见临阵不听调度，谁会明面上支持暗地里捣鬼西军是否会进行这场看似势均力敌甚至满怀胜算的决战，还是个未知数，毕竟他们并不是莽夫，在可能一败涂地的情况下，进行谈判才是最理智的决定。

德川家康胜于“调略”。

丰臣秀吉临死前，为自己的亲儿子丰臣秀赖能够顺利继承天下，设置了几道保险。首先设立了“五大老”与“五奉行”相互制约平衡；其次让他们分别写下终身忠于丰臣秀赖的誓言。然而这纸誓言，不仅德川家康等大老们不当回事，甚至连北政所也未放在心上，毕竟丰臣秀吉让德川家康顺服，靠的并不是武力，而是心理战。

电影《宁宁女太阁》中的高台院。

早在关原之战前，丰臣家的年轻将领们就已经旗帜鲜明地站在了东军一方。一方面增加了德川家康的战斗力，另一方面，也让其他处于观望的大名看到，丰臣家内部已经分崩离析了。而在背后支持这些尾张武功派的，正是北政所宁宁。既然大坂已经容不下他们，不妨归附内府。无论是加藤清正、福岛正则，还是小早川秀秋，以及其他一些尾张派，都明里暗里得到了宁宁的默许，与德川家康站在一条战线上。

石田三成所带领的西军，在此战役中与大坂方的联系却并没有料想中那么紧密，丰臣秀赖不仅未对西军给以任何鼓励和支持，甚至在德川家康打着攻打上杉景胜的旗号出兵时，还慷慨赠予大量的金银粮草。石田三成虽然打着维护丰臣秀赖的旗帜，但在福岛正则等人的立场上来看，其实是在“清君侧”。本质上来说，他们并不想叛反丰臣家，只是讨厌石田三成为代表的近江派。

这些年轻的将领在政治觉悟上，远远不如久经战火考验、参与过霸主争夺赛的战国老狐狸们。尾张派只是被利用的棋子，无论是于德川家康，还是北政所。与这些武将们因意气用事而站在西军对立面不同，宁宁是自觉自愿向家康靠拢的，这无异于一场交易，虽然没有任何谈判与盟约，但两者都是心知肚明的。

宁宁对于家康的认可，是早年她与丰臣秀吉并肩作战的时候就有的，她不认为凭大坂城里那些手无缚鸡之力的文官和孤儿寡母能斗得过老谋深算的德川家康，即使有能征善战的武将站在他们一方，也无法持久。毕竟这是战国，强者才能称霸，从这个角度讲，宁宁是非常清醒的，即使长年身居北政所的高位，也并没有迷失判断力。

高台院宁宁希望像战国时期一样，既然丰臣家没有出现足以与德川家康，甚至其他独当一面的战国大名匹敌的领导人，不妨退而求其次，只做一方诸侯臣僚，以保存家族，绵延后嗣。她利用关原之战中尾张武将的投效做交易，而德川家康也乐得借机得利，从他后来对宁宁，以及其他在关原之战中投靠自己的丰臣武将的安排，可以看出此时德川家康并不想赶尽杀绝。

丰臣秀吉和德川家康都是利用人心的高手，宁宁在丰臣秀吉身边耳濡目染，智商和情商也丝毫不输给自己的丈夫，只是因为是女子，始终没有将才能展露人前的机会。而司马辽太郎所说的“北政所的才气毁了丰臣家”，却实属无稽之谈。丰臣家的毁灭，从它没有优秀的继承人就已经注定了，拥有贵族血统的淀殿，养出的只是远离战场，不懂政治的娇贵公子，即使不被德川家康所灭，也终将成为其他人的政治傀儡，毕竟战国时期不乏野心家。

关原大战尘埃落定，此时在寺庙中为丰臣秀吉念经的宁宁，虽然在表面上仍然处于西军的阵营，但实际上，已经暗暗与德川家康达成了默契。这位原丰臣家主母，安心地等待着自己所推动的丰臣家的未来。但是，在大坂城中的淀殿却看不到，她依旧高高在上，做着让幼子丰臣秀赖号令天下的美梦。

结局：身前淡泊，身后太平

战国三夫人中，归蝶（浓姬）和阿松（芳春院）都是千金小姐，只有宁宁是一个小步卒头目的女儿，那个时代，如果她的父亲不幸在某场战役中战死，宁宁的家庭就很快会陷入不幸。但是，出身低微的宁宁，最后反而是战国三夫人中结果最好的。

归蝶夫人是织田信长的正室，一直用她的智慧辅助织田信长，在本能寺之变后，不知所踪。有野史传闻，她的结局有三种可能，或是在本能寺被杀，或是与明智光秀一起被流放，或是在织田信雄的庇护下隐姓埋名，化名“安土殿”，削发为尼出家修行，基本在本能寺之变后就退出历史舞台，湮没在历史长河里。

阿松夫人德才兼备、文武双全，为前田利家生育2子9女，一直用她的聪明才智帮助前田利家。即使在前田利家死后，已步入晚年，成为芳春院的阿松，也为前田家做出了巨大贡献，甚至于为了保护前田家嫡子前田利长，芳春院牺牲自己，去德川家康的居城江户做人质。即使德川家康不会亏待她，但毕竟作为人质，在战国乱世是很难预料吉凶祸福的，又如何谈得上安度晚年。

宁宁则不同，她的晚年安度于高台寺，住在寺院的遗芳庵中，被称为高台

高台寺1。

高台寺2。

高台寺伞亭。

高台寺3。

院。这是在德川家康支持下所建的寺院，名义上是为丰臣秀吉祈福，实际上就是宁宁独享的养老院。高台寺整体建筑造型宏伟瑰丽，风格质朴淡雅，整个庭院景观浑然天成，春来满园樱花鸟，夏日鸣虫匿小池，与其说是寺院，不如说是别墅。此外，高台寺还营建了千利休风格的茶室，伞亭和时雨亭。高台院慵懒地坐卧于此处，开阔的庭院中枯山水禅意无限，登高远眺，纳凉品茗，过着休闲自在的生活，这是任何一个战国后期的大名夫人所无法享受到的清福。

这才是人生赢家应有的姿态，有种洗尽铅华的诗意美的生活，是类似于皇室才有的低调奢华的情调，在此“享受一花一世界，一叶一菩提”的平静喜乐，不再忧愁于天下诸侯纷争与风林火山的战局动荡。高台院晚年的“善终”，是她自己争取来的。

有人评价宁宁，认为她出卖了丰臣家，换来了晚年的幸福生活。她和德川家康之间，确实有笔交易。可以说，在丰臣秀吉死后，宁宁确实有改写历史的可能，如果淀殿和丰臣秀赖肯接受她的意见，那么淀殿未必不能保全自己与儿子，后半生活得安乐太平。只不过，天意难测，宁宁为丰臣家的打算，还是被打乱了。

高台院经历过从织田信长崛起到丰臣秀吉称霸的整个时代，一直在丰臣秀吉身边，对时局的把握是其他妇人所难以比肩的。她原本就聪慧、坚韧，富有责任心，一直在照顾丰臣秀吉的家臣，与各个大名及皇室的沟通中，她也游刃有余。有人将宁宁捧为“女太阁”，认为她的优秀，足以与丰臣秀吉媲美，不过这毕竟有些夸大了。无论如何，她始终是个女人，即使在幕后出谋划策，却未必能征伐天下，因为她没有征服天下的野心。但她能看得出究竟谁有成为霸主的才能。

织田信长这种磊落不羁的豪杰是累世难出的，而丰臣秀吉灵活洒脱，德川家康谨慎沉厚，并且这些战国大老们，都具有丰富的战场经验，无与伦比的勇气，丰富的斗争智慧和常人难企及的决断力，即使是如伊达政宗、上杉景胜等一些后期依附丰臣家的大老，也能在动荡的时局中挣扎自保，对时局有着高度的敏锐感。

然而淀殿没有，丰臣秀赖更加没有。

丰臣秀吉在世的时候，淀殿只需依附丰臣秀吉便可，丰臣秀吉死后，她隐隐对尾张派不满，对于石田三成和武功派你死我活的互斗，她也只认为是臣僚之间的政治斗争，对于德川家康，这个战国后期硕果仅存的大老，连丰臣秀吉都要礼让三分，淀殿却只将他视为一个顾命大臣。在前田利家死后，她依旧只在深宫中，把全部精力放在抚养丰臣秀赖身上，对于关乎丰臣家命脉的关原大战，甚至不愿意在形式上支持一下，这也是各路大名逐渐对大坂离心的一个原因，关原大战中，大坂方的摇摆不定，促使石田三成最终孤立无援，陷入绝境。

丰臣秀赖还是小孩，且又长在深宫，没有见识也就罢了，淀殿作为丰臣家的代表人物，当时大坂的代理领导人，却无所作为，只在大坂城中养育孩子，既不全力支持石田三成，也不与德川家康讲和，只是高傲冷艳地旁观。大坂方的静默对丰臣家的未来是致命的。此时各路大名对丰臣家的失望，以及对德川家的畏惧，使天下已经隐隐形成了以德川家康为首的态势。而淀殿目光短浅，只希望将丰臣秀赖养大成人，继承丰臣家的天下，根本未意识到这天下即将易主的态势。

丰臣家的继承人丰臣秀赖，或许聪明伶俐、风度翩翩，可他既缺乏领兵者的气度与果敢，也没有统治者的坚韧与厚重，无论是与德川家康的会面，还是方广寺钟铭事件，他的应对都略显轻佻，缺乏顺应时局的隐忍。这样的人，甚至连一方大名都比不上。而高台院深知淀殿只是华而不实、傲而无力。她将一切看得透彻清明，与其让淀殿自己做出愚蠢的决断，不如早些推动事态的进展，主动与德川家康修好，保全丰臣家现存势力。

德川家康虽然有的时候阴狠狡猾、冷酷无情，在表面上却是一个有原则、知进退的人。这也是为什么虽然他有实力与丰臣秀吉一搏，却最终放弃对抗战争，臣服丰臣秀吉的原因。他的审时度势让宁宁欣赏，而尽量不发动战争的观念，也是战国后期很多大名所认可的处理争端的方式，宁宁也认同这种方式，在这一点上，她与家康是一致的。

在大坂之战前，德川家康并非没为此做过努力。丰臣秀赖毕竟是他的孙女婿，而自己的正室骏河夫人也是丰臣秀吉的亲妹妹。即使他并不喜欢这两个人，但德川家康向来以德自居，并且是大家族出身，表面上绝对不会言而无信。如果淀殿和丰臣秀赖接受宁宁的建议，归顺德川家康，丰臣家成为德川家的大名，德川家康即使不会太抬举他们，至少也不会太苛待丰臣家，毕竟天下人都在看着。

所以，宁宁也看透了这一点，她因势利导，在大坂之战时，还曾劝淀殿母子归附家康，不要做无谓的反抗。丰臣秀赖此时太过年轻，在天下诸侯都不响应大坂之时，仅仅靠一些有才的浪人将领，即使能取得临时性的胜利，但终究不可能长久。即使战术上再精湛，战略上他们也无法与德川家康及归附他的那些大名持久抗衡，最终的结果必然是以卵击石。况且淀殿一方的领导力太弱，一味固守大坂城，最后被几枚炮弹吓出城，不得已与德川家康议和。在旷日持久的战争中，软弱与摇摆不定都是足以致命的。

宁宁不希望战争，德川家康也希望不通过战争就让丰臣家臣服，但由于淀殿的傲慢与猜疑，丰臣家最终迎来了悲壮的结局：大坂夏之阵中，丰臣家最后一点力量被消灭，淀殿母子自杀，葬身于熊熊烈火中。

而对于宁宁，德川家康一直是优待的。她在关原之战的协助，使他能够加快进程，在有生之年，在其他大名动手之前，先一步占据优势，最终平定天下。因此，对于丰臣家归顺自己的年轻将领们，虽然德川家康怀着戒心，却也都尽量安排妥善。

虽然福岛正则和加藤清正在后期不满意德川家康攻打大坂的行为，但他们毕竟曾在北政所的说合下，与德川家结成姻亲，此时也不好阻拦。在北政所看来，这对他们来说既是束缚，也是庇护。而其他丰臣家归顺德川家康的武将们，在未来的日子里，即使有所不如意，也比与大坂政权一起毁灭的好。毕竟，他们的后代得以延续，同时这也是丰臣家在世上得以继续延续的方法。

宁宁出身贫寒，住得了豪门华宇，也忍得了贫贱疾苦，而她所好的茶道，本也是苦中作乐的意趣。宁宁在心力上，其实不输于那些驰骋疆场的大名们，但她并不恋权，在一品夫人的位置上待过，也并没有扭曲她的本性。她生性淡泊，不贪图荣华富贵，也不喜世间纷争，这也是为什么她从不争风吃醋，容忍丰臣秀吉将那些人质女眷都纳为侧室，并且对于淀殿得宠也能淡然视之的原因。她喜欢武将，却并不喜欢战争，那些她从幼年就培养起来的年轻将领们，比起建功立业，她也许更希望他们一个个都能平平安安地活着，即使是在曾经的敌方阵营中委曲求全。

在大坂城陷落、丰臣政权消散的十几年后，宁宁在度过了平静的晚年生活后，于高台寺安然逝去。这时，已经是德川家第三代德川家光统治时期。德川家光继位后加强幕府的集权统治，平定了岛原之乱，此后持续了300年没有大规模战争的和平岁月。可以说，宁宁亲眼见证了自己亲手推动的历史结果。

茶茶：战国争霸的荼蘼花事

战火焚身：与以津真天同行的女子

茶茶的父亲是近江豪族浅井家的嫡子，战国大名浅井长政，因为能征善战得到织田信长的赏识，并且将自己的妹妹阿市嫁给了他。阿市正是茶茶的母亲，她嫁给浅井长政后，为他生儿育女，但是在浅井家因为朝仓家的缘故与织田信长对抗的时候，却暗中帮助了织田信长。浅井家最终战败，被围小谷城。

浅井长政画像。

小谷城遗址。

北庄城。

似乎冥冥中自有天定，茶茶所能依赖的人，几乎都在那场战火中湮灭了。她的父亲浅井长政，自杀于小谷城，并放火烧城，在烈火中化为灰烬。随后，她跟着母亲依附舅舅织田信长，但不久，织田信长也在本能寺中切腹自杀，同时本能寺也被付之一炬。此后，阿市带着茶茶三姐妹，嫁给了柴田胜家，然而没过多久好日子，柴田胜家又被丰臣秀吉所逼，在北庄城的天守阁与阿市双双自尽，并用火药炸毁了天守阁。

似乎茶茶走到哪里，战火就跟到那里，虽每次都是灭顶之灾，但每次她都能化险为夷。如同日本民间传说中的毁灭精灵以津真天，在黑暗的夜晚，吐着诡异的火焰，盘旋在尸横遍野的战场上空，发出凄厉的悲鸣：这绵延不断的战火何时能够止歇。仿佛是宿命一般，在经历了磨难，却又犹如烟花绽放般瑰丽壮阔的一生，到了生命最后的时刻，茶茶也死于战火，像她的父辈们一样，自杀身亡，湮灭于大坂城的战火中。

茶茶是战国后期出身尤为高贵的女子，继承着织田家和浅井家的血脉，母亲又是战国第一美女阿市，但身世却颇为曲折。相比于她的妹妹阿初和小督，茶茶算是嫁给了如意郎君，丰臣秀吉虽然好色，对茶茶却百般体贴用心，即使在临死之际，也还在为茶茶及其子安排。

但最初的茶茶，却是恨着丰臣秀吉的。

原本在小谷城与父母生活在一起的茶茶，忽然家破人亡。虽然灭掉浅井长政是茶茶的舅舅织田信长的命令，但真正执行的却是木下藤吉郎（后来的丰臣秀吉）。从元龟元年（1570年）到天正元年（1573年），小谷城外的战火持续了整整3年。

兵临城下，危在旦夕的浅井家中，幼年的茶茶知道城外的敌人名叫木下藤吉郎，是舅舅的家臣。她离开小谷城，随着母亲回到舅舅织田信长处时，得知父亲已经去世，连兄弟也被杀害了，而执刀的正是木下藤吉郎。这一年，茶茶才7岁，她成长在大家世族，生于战火年代，每天听到城外刀兵火炮声不断，不仅记事，而且早熟。她自然记得木下藤吉郎就是她的杀父仇人，但是幼小如她，知道又有何用?

从1573年到1582年，茶茶与母亲在织田家一待就是9年。这9年，织田信长的势力不断扩大，茶茶在舅舅织田信长的荫庇下，暂时度过了一段无忧的童年。但是，本能寺之变再次改变了她的命运，打破了她原本平静的生活。本庇护着她们的织田信长死于本能寺，织田家由此落败，丰臣秀吉趁势进击，取而代之。阿市只能再嫁，带着茶茶三姐妹嫁到了柴田胜家家中。

阿市虽是再嫁，但因为是柴田胜家曾经的主家的人，忠诚的柴田胜家对阿市又敬又爱，虽然比阿市大很多岁，但待她们母女非常不错，茶茶在此也度过了短暂的快乐时光。这快乐时光，不久就被丰臣秀吉再次终结了。1583年，她所在的北庄城被丰臣秀吉大军围困，柴田胜家和阿市双双自杀，在引爆天守阁前，茶茶三姐妹被护送出来，到了丰臣秀吉阵营之中。

这时的丰臣秀吉风头正盛，不仅得到各路大名支持，与京都的关系也越走越近，天下权柄也倾向于他。丰臣秀吉南征北战，终于成为制霸天下的天下人。

茶茶的身份十分尴尬。虽然有织田家的血脉，却是织田家的仇敌浅井家的后代，虽然有着高贵的血统，但是父母、舅父、养父这些强有力的靠山都已经不在了。落在丰臣秀吉手中，连做人质的价值都没有。不过，柴田胜家将她们当作"主家的人"托付给羽柴秀吉（丰臣秀吉）也就将她们当成"主家的人"礼敬有加。羽柴秀吉名字中的"柴"，就取自柴田胜家，可见其对柴田胜家是敬佩的，只是因为立场不同才兵戎相见。而战国也有惯例，战败大将如果自裁，他会受到敌方的尊敬，他的遗孤也会得到妥善照顾。

茶茶虽算不上柴田胜家的遗孤，但丰臣秀吉对她的照顾却并不怠慢，甚至有过之而无不及。此时的茶茶已经十六七岁，初见少女风姿，当然心智上也不同于往日。她依旧恨着丰臣秀吉，丰臣秀吉多年来一直迫害她家，逼得她家破人亡，颠沛流离。若是一个刚烈的女子，早就想方设法与其同归于尽了。

但茶茶一次次地死里逃生，与两个妹妹相依为命，作为浅井家硕果仅存的后代中的长姐，她有责任守护妹妹，如果她刺杀丰臣秀吉，两个妹妹必然要受牵连，不得善终。每次与死亡擦肩而过，对这个少女的心性都是一次磨炼，经历那么多苦难，她不会再想轻易地结束自己的生命。尽管恨意犹未消除，但丰臣家的强大却如日中天，笼罩日本，她一个没落家族中无依无靠的孤女，战败方遗留下来的敌将后代，如何与全日本最强大的人抗衡？因此，她只能在丰臣家的庇护下，静观其变，等着命运的安排。

集宠一身：从战败阶下囚到淀城主

作为战败一方柴田胜家的养女，茶茶对丰臣秀吉始终心怀恨意。但丰臣秀吉似乎并没有伤害她之意，反而把她照顾得无微不至。这个男人在茶茶看来，圆滑中带着一点亲切，虽然出身卑微，却并不粗鲁，与记忆中那种恶魔形象相去甚远。

中国明代思想家吕坤曾经评价领袖人才的三个等级：深沉厚重是第一等资质，磊落豪雄是第二等资质，聪明才辩是第三等资质。如果说德川家康是深沉厚重，织田信长是磊落豪雄，那么丰臣秀吉就是聪明才辩。虽然是三等资质，但是他与前两者不同的是，出身贫贱，有着极其坚韧的毅力，以及与任何阶层人打成一片的亲和力，再加上占有天时，一直都非常幸运，比如在本能寺之变后，德川家康也有争霸天下的实力，但是此时德川家康无力顾及，因此才让丰臣秀吉占了先机，先下一城。

所以，丰臣秀吉虽然其貌不扬，身材矮小，被织田信长戏称为“猴子”和“秃鼠”，但正因如此，他在外貌上不会对人形成威慑，反而让人感觉如同一个普通朋友一样可亲。但他身后是权倾天下的力量，又没有人敢于轻看他。茶茶在与丰臣秀吉的接触中，逐渐重新认识了这个人。

委身于一个比自己大30岁的男人，对方比自己的父亲还要年迈，这本身就是很多女人难以接受的，更何况这个男人还害死了自己的父亲、母亲、兄弟、养父，使自己父族和母族两族衰落，一次又一次地让她沦落到悲惨的境地。与这个不共戴天的男人同床共枕，这是很多常人难以想象与接受的，而茶茶不是常人。

茶茶的家庭与经历造就了她异于普通女人的性格，她既有母亲作为战国第一美女的那种冷艳气质，又有着父亲和养父那种宁折不弯的刚性，同时也兼有大家闺秀的品质以及高贵血统天生的傲气。然而偏偏命运弄人，她落入敌手，不得不遵从命运的安排。

1585年，丰臣秀吉被封为关白，并被赐姓丰臣。在此之后，平定四国、九州，建起大坂城，又利用调略使德川家康顺服，成为天下人。从此一人之下，万人之上，而即使是那一人，也只是有名义而无实权的天皇。此时无人能与丰臣秀吉分庭抗礼了，还是少女的茶茶，依旧让他倾慕，这一点，茶茶不可能看不出来。这个有着十多个妻妾的男人，是个好色之徒，并且不是个喜欢掩饰自己的人，从他的眼中，茶茶能看到那种男人对心仪女子的热切之情。

历史上或者野史中，对于丰臣秀吉为什么要娶茶茶，有几种观点：

第一，她是“主家的人”。丰臣秀吉一向不惮于表现自己忠诚的一面，在松下嘉兵卫手下时，勤恳忠诚得遭人嫉妒；在织田信长手下时也是一直全力以赴，无论是在修建墨俣城，还是对朝仓、浅井作战，以及后来陆续不断的征战中，丰臣秀吉总是能够出色地完成任务，并且尽心尽力，在“鸟取断粮”、“水淹高松城”等战役中展现出卓越的军事才干。

织田信长于丰臣秀吉来说，是伯乐。他对于丰臣秀吉有知遇之恩，纵使丰臣秀吉在织田信长死后取而代之，但他对织田家始终存有感激之情。在成为天下人后，也善待了织田家家眷。所以，作为信长的亲外甥女，丰臣秀吉娶茶茶，多少也有对织田家的感情所在。

第二，茶茶的血统可以说是非常高贵的，她既是浅井家的嫡长女，又有着织田家的血脉，背后还有近江与尾张两股势力。虽然后来茶茶亲近江而远尾张，但对于刚刚完成统一大业的丰臣秀吉来说，这也是非常难得的，他既需要借助尾张的势力，又希望招徕近江的人才。近江商业发达，素来盛产管理人才，而茶茶成为他的夫人后，近江派的归依之心会更加强烈。茶茶的这种背景，让丰臣秀吉十分心动。

此外，茶茶高贵的血统，也可以进一步提升丰臣家的血统。众所周知，丰臣秀吉对自己的出身十分不满意，甚至有一点自卑，因此为了得到高贵的身份，他上下打点，甚至不惜杜撰出母亲曾和天皇有染的故事。如果丰臣秀吉和茶茶有了后人，他的后代的身份会很尊贵，而且身后会有尾张与近江双重支持。不过，在这一点上，他还是错算了，茶茶虽然有织田家的血统，却并不亲近尾张武功派，她对那些粗鲁的武将有一种抵触心理，这在后来大坂之战中，她对那些浪人将领的疏离可以看出来。

第三，丰臣秀吉对于武将家属人质的处理的惯例是：如果有年轻貌美的女子，就会纳为侧室。他的很多侧室，比如京极龙子、摩阿，都是武将之后。这些大家千金们虽然是人质，但父母都是高门大户，待遇上一点都不能疏忽，吃穿用度，每年花销不菲。丰臣秀吉将她们收为侧室，虽然开销不变，但是变成自家人后感觉很良好，并且拉近他与这些侧室家族之间的关系，勉强算是一种政治联姻。茶茶虽然父母双亡，却有着不可小觑的背景，虽是人质，但十分美貌，纳为侧室自然是不可避免的。

第四，也是最盛行的一种说法，是丰臣秀吉一直对阿市念念不忘。在娶宁宁回家之前，丰臣秀吉在织田信长家就已经见过阿市了。这位战国第一美女，年幼时聪明伶俐，非常可爱，性格又温顺开朗。她的美貌光华夺目，且出身在织田家，因此少女时候的阿市，成了战国时代所有年轻武将的梦中情人，她也是丰臣秀吉心中完美女性的象征。

不过丰臣秀吉也明白，以自己当时的地位，一个小小的足轻，是高攀不上阿市的。宁宁与阿市同岁，这与其说是巧合，是否也有可能，其实美貌聪慧、娴雅大方的宁宁，在丰臣秀吉眼中与单相思的初恋情人阿市十分相似，所以才娶了她。在迎娶了宁宁两年后，阿市嫁给了浅井长政，而最终亲手灭掉浅井长政的也是丰臣秀吉。随后，阿市回到织田家，再嫁给柴田胜家，而丰臣秀吉又灭掉柴田胜家，如此巧合，可谓执着？

丰臣秀吉最终没能得到阿市，却得到了与阿市有着80%相似度的茶茶。茶茶虽然与丰臣秀吉差了30岁，但丰臣秀吉一向不喜欢遵守常规，曾经让已经有夫婿的妹子阿旭嫁给年迈的德川家康，娶一个年龄足以做他女儿的女孩，并不是什么大不了的事。但是，这个女孩却一直恨着他，这同阿市对他的态度也是一模一样的。

和与阿市的关系不一样，丰臣秀吉这一次，不需要仰望这位美女，也不再有距离和相隔千军万马的阻碍，茶茶这个女孩就在自己的势力之下，丰臣秀吉可以用体贴慢慢焐热她的心。再倔强的女子，再深切的怨恨，也会消磨于无边无际的时间，更何况丰臣秀吉对她用心良苦，照顾备至。对于落入无所归依境地的茶茶来说，丰臣秀吉此时既是她的仇人，又是她的保护人。

茶茶三姐妹中，最恨丰臣秀吉的是小督，也就是阿江，因为她刚刚10岁，在懵懵懂懂的年纪，却失去了母亲，她并不如长姐一样知道战国乱世胜者为王的道理，只知道这个现在对她们有求必应的男人，是她们的杀父仇人，而且对她的大姐有所企图。有她在，丰臣秀吉追求茶茶的时候，茶茶的立场就比较艰难了。

最后丰臣秀吉直接踢走了这个绊脚石，他将年仅10岁的小督嫁给了自己的表兄弟佐治一成。一方面是为了不让这个小女孩在茶茶身边，每天说自己的坏话，另一方面，也让茶茶明白，他能够处置她妹妹的婚事，也可以将茶茶和她的另一个妹妹阿初随意嫁给他治下的任何一个人，也就是说，她们的未来掌握在他手中。

在丰臣秀吉软硬兼施的追求下，茶茶终于成为了他的侧室。心满意足的丰臣秀吉对茶茶百般宠爱，很快超越了其他侧室，即使是北政所也意识到，这一次丰臣秀吉娶的侧室不同于其他人。不过北政所并不介意茶茶得宠，她此时已经36岁，虽然在现代看起来算年轻，但在古代已经是徐娘半老，早过了争风吃醋的年纪。并且丰臣秀吉对她一如往昔的尊重，并不让她觉得茶茶这个足以做自己女儿辈的女孩会对自己形成什么威胁，也就由着丰臣秀吉去宠幸她。

天正16年（1588年），21岁的茶茶生下了鹤松。丰臣秀吉自从侧室南殿生下的秀胜在6岁时夭折后，再难有子嗣，所以才收了众多的养子和犹子。此时晚年得子的丰臣秀吉，简直喜不自胜，为他生子的功臣茶茶也得到了犒赏。他像对待手下立了战功的将领一样，将茶茶生下鹤松时所在的淀城赐予茶茶，并在这座淀城中，重新大兴土木，精心布置，作为她们的安身之所，使她不至于和其他侧室

日剧《公主的战国》中浅井三姐妹。

淀城。

甚或北政所之间产生纠葛矛盾，茶茶由此而被称为淀殿。淀城位于京都与大坂之间，丰臣秀吉如此布置，正是为自己在往返京都之时，途中可以去淀殿处小憩与享乐，如同金屋藏娇。这是以往任何一个侧室都没享受过的待遇，甚至连北政所都没有被赐予城池。淀殿一跃成了城主，也使她成为丰臣秀吉的众多妻妾中，地位仅次于北政所的贵妃。虽然此刻她的背后并没有强有力的实权家族支撑，也没有手握重兵的父兄，却凌驾于其他侧室之上，隐隐与北政所抗衡。

一些依附于淀殿的近江派，也看到了希望，从丰臣秀吉对鹤松的态度来看，他很有可能取代现任接班人丰臣秀次，成为未来日本最有势力的人。作为鹤松的母亲淀殿，立场上便也与从前不同。作为侧室的茶茶，只是一个在丰臣秀吉庇护下得以安居的女子；作为未来丰臣家继承人鹤松母亲的茶茶，不仅年轻，而且血统高贵，虽然现在只是淀城的一城之主，在不久的将来，却极有可能会越过北政所；在丰臣秀吉百年之后，又因鹤松年幼而成为丰臣家甚至是全日本掌握最高权力的人。

喜得贵子：一根独苗引发的战争

52岁的丰臣秀吉得到了儿子，十分欢喜，他非常珍惜这个孩子，并希望他能长命百岁，所以，给他取小名为“舍”，取义弃儿好养活，如同中国乡野小孩儿名字中的“狗剩”和“铁蛋儿”。这个孩子正式的名字叫“鹤松”，没有沿用父亲和兄长名字中的“秀”字，足见丰臣秀吉待这个孩子与其他养子和犹子的不同。丰臣秀吉希望他能像白鹤一样长寿，像松柏一样坚韧挺拔，将丰臣家延续下去，基业长青。

丰臣秀吉在生育子嗣上十分艰难，北政所与他的一众侧室都无能为力，直到淀殿的出现。丰臣秀吉的家族中并没有不孕不育的遗传，这从他的堂兄和表兄家中子女众多就可以看出来，不过表兄弟加藤清正的头两个孩子，也是几岁就早夭。丰臣秀吉不仅很难生出儿子，连女儿都没有，有人认为，这是因为他年轻的时候，把领导的草鞋放在自己的衣内温热，伤了根本；也有人认为，他是个十分好色之人，在遇到淀殿之前，他曾经与上百个女人发生过关系，行为放浪，所以精子质量和成活率都较低。

因此，这得天独厚的一根独苗，成了丰臣秀吉心尖上的人，于是才4个月大的鹤松，被丰臣秀吉接入大坂城，成为众人眼中丰臣家的继承人。淀殿也随着鹤松进入了大坂，她现在已经完全摆脱了当年寄人篱下的心情，并且被允许在宫中供奉父母的画像。丰臣秀吉同意将自己的敌人画像挂于宫中实乃法外开恩。这一变化，也可以视为茶茶此时地位的提升，此后她可以昂首挺胸，不再被视为战败受俘的敌首女眷。

丰臣秀吉此时正出兵关东，与北条氏在小田原进行拉锯战。即使是战争最胶着的状态，丰臣秀吉依然会坚持不断地写信，问鹤松的近况。即使是倾注全天下的爱给鹤松，丰臣秀吉也不觉得过分，当然，淀殿也因着鹤松而得到更多的宠爱。鹤松的降生，使丰臣秀吉一夜之间仿佛变得年轻了，他准备着为鹤松筹谋更加广阔的天下和恢宏的未来。

然而，鹤松虽然得到了全天下的祝福，却仅仅在世3年就夭折了。这对丰臣秀吉的打击是致命的，同时对于淀殿，无论从精神与情感上，还是从地位上，也是一场致命的打击。1591年9月，鹤松夭折，这一年，丰臣秀吉被封为“关白”，取得了至高无上的地位，丰臣家也前所未有得强大，丰臣秀吉正踌躇满志，试图通过与朝鲜联合，向大明进军，以实现更大的野心和抱负。这一年里，丰臣秀吉失去了生命中非常重要的3个人，第一个是在1月份去世的同父异母的兄弟丰臣秀长（这是除了丰臣秀吉以外，他的至亲中最出色的人物），为他夺取天下立下了汗马功劳，同时也是丰臣秀吉最为信赖与倚重的人。第二个是4月份死去的茶道鼻祖千利休，他引导丰臣秀吉走上文化之路，是丰臣秀吉的良师益友，对丰臣秀吉后期的治国从政思想影响深刻，但因为卷进政治斗争，千利休被迫切腹自杀。

第三个就是鹤松。他不仅是丰臣秀吉与宠妃淀殿的嫡子，也是丰臣秀吉倾尽了一切希望守护的儿子。当他听到鹤松病了的消息，召集了全京都最厉害的名医，为这个3岁小儿医治，还亲自去了神社和佛寺大肆祈福，但是并没有什么用，这孩子似乎是无法承载如此多的福运，就这么离世了。丰臣秀吉的悲哀是难以形容的，他穿着丧服，剃了顶髻，将之埋在幼小的鹤松的墓中。丰臣秀吉一夜之间就苍老了很多，人也渐渐消瘦，经常在静夜痛哭失声，可见鹤松的死带给了丰臣秀吉多么大的痛苦。

鹤松死去时，丰臣秀吉还在远征中，他曾怨淀殿没有照顾好这个孩子，以至于他年过半百所得的娇子，还没来得及同他告别就死去了。淀殿也很委屈，作为屡次失去亲人的她，连两个妹妹也都远嫁了，她不可能不悉心呵护自己这个唯一的亲骨肉，只是那个时代医疗水平有限，而丰臣秀吉家族的人本身体质并不好，男性难以长寿，丰臣秀吉也一直在用熏艾的方法养生，这一点淀殿也是知道的，所以她认为鹤松的死与丰臣秀吉也有关系。

儿子死去，宠妃淀殿也沉浸在悲哀中，与朝鲜的沟通又一直不顺畅，丰臣秀吉曾经派人在1591年6月向朝鲜国王李昖请求：“有意在明年春天假贵国道路进攻明国,届时还请多多包涵与协助!”但此时的朝鲜，事事唯大明马首是瞻，怎么可能接受日本的无理要求，而且朝鲜也担忧日本会在借道途中生事端。而丰臣秀吉无论战舰、粮草还有人员，都已整装待发，然而借道之事却迟迟没有回音。

所以鹤松死后，丰臣秀吉一直闷闷不乐，茶茶也暂时无法疏解他的抑郁，鹤

丰臣秀长。

千利休。

松之死，使他迫切需要寻找一条释放自我、发泄郁闷的道路。他在京都出游，登上京都的高处清水寺阁，凭栏遥望西方，烟波浩渺之外，是未知的领土。他心中豁然开朗，对近侍说了一句在今天看来十分有历史意义的话：“大丈夫当用武万里之外，何自悒郁为!”唯一的嫡亲继承人的夭折，反而激发了他不顾一切扩张的野心，这也是鹤松的生母淀殿始料未及的。

此后，丰臣秀吉不再执着于亲生子嗣，转而将关白之位传给原拟接班人丰臣秀次，自己则作为太阁。备战一冬后，次年4月大举进攻朝鲜。也有人说，丰臣秀吉借道攻打大明也是假，真实目的只是想灭了朝鲜。而且，丰臣秀吉自诩是织田信长的继承人，夺取天下，也是继承织田信长的雄心壮志。

即使远征在朝鲜战场，丰臣秀吉最思念与放不下的人，依旧是时年25岁，却依然美丽高贵的淀殿。虽然他对北政所是真心尊敬，但与北政所的关系，此时更像是亲人，淀殿才是他此刻朝思暮想的恋人。丰臣秀吉派人将淀殿接到战场，并请北政所出面安排此事，一来是为了表示对北政所的尊重；二来是希望通过自己对其表现尊重可以化解她对淀殿的不满。北政所看到他如此小心翼翼地对待自己，明了自己的地位还是不可动摇的，所以也并未阻挠淀殿去朝鲜的事，虽然作为正室，内心还是会有一丝失落的。

让丰臣秀吉更加没料到的是，仅仅在鹤松死去的两年后，淀殿又为他生了一个儿子。这个一开始就让他倾心与无限宠爱的女子，似乎承载着极大的福运，总能用子嗣来回报他，又或者，淀殿的家族中有什么秘方，极能开枝散叶，一次又一次地为丰臣秀吉带来子孙运。

很多人怀疑，时年56岁的丰臣秀吉，在时隔30多年，宠幸了上百人之后，都没有生下一儿半女，为什么在淀殿身上，就能发生奇迹？也许，是茶茶在背后使

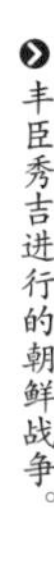

丰臣秀吉进行的朝鲜战争。

了什么手段，包括后世的很多史学家，都猜测淀殿也许与丰臣秀吉的一些侍从或家臣私通，才生下了丰臣秀赖。这种说法，也是丰臣秀赖后来“身世说”的一种推断，认为淀殿极可能与很多人有染，丰臣秀赖大概不姓丰臣，也许姓大野或其他。这并非不可能，但也无法证明。

不过丰臣秀吉却坚信这孩子是自己的，并且为这孩子做了他作为一个父亲能做的一切努力。为了保住这个得来不易的孩子，他让淀殿将孩子丢了，再拾回来，意思是这孩子命贱，老天不要再带走他了。孩子取名“阿拾”，也就是后来的丰臣秀赖。

淀殿对丰臣秀赖更是寸步不离，对她来说，这是失而复得的儿子，她要用双倍的爱来照顾这个孩子，把给鹤松的那份母爱也一起给他。而且，为了这个孩子，她也开始打开眼界，逐渐接受近江派的靠拢。

为了给丰臣秀赖扫清障碍，丰臣秀吉逼死了自己选定的继承人丰臣秀次，并屠杀了秀次满门。他重用近江派，因为这些文臣没有军权，将会全力辅佐他幼小的继承人。而那些领兵大将也许自己在世的时候他们会乖乖听话，但说不准自己死后，他们就会对丰臣家反戈一击。他利用近江派出色的管理才能，疯狂地积累财富。这笔财富，据说在淀殿大肆挥霍兴建大佛后，依旧所剩颇丰，直到后世，民间还有着在大坂城的某处藏着丰臣金库的传说。丰臣秀吉越是日渐衰老，越希望一旦自己撒手西归，他所宠爱的淀殿和幼子丰臣秀赖，即使陷于困顿，也能利用这些财富东山再起。

丰臣秀吉临死前还在为淀殿母子谋划：他设立“五大老”与“五奉行”相互制衡，并向他们托孤。但人算不如天算，他刚离世不久，制衡中最关键的一环，五大老中最有威望也忠于丰臣家的前田利家就与世长辞，丰臣家陷入了前所未有的危机和混乱中。近江派与尾张派也开始了内斗。

近江派打着支持丰臣秀赖的旗号，与尾张派打得如火如荼。丰臣秀吉留下的托孤重臣德川家康，却怀着更大的野心，在敷衍权衡中，渐渐扩张自己的势力。淀殿并不太懂这些明争暗斗的关键，她始终认为无论哪一派取胜，最终都是丰臣家的家臣而已，终究丰臣秀赖才是丰臣家正统的继承人。

一场大战迫在眉睫，而本该是这场战争的核心人物，丰臣秀吉死后权力最应该归属的人——淀殿和丰臣秀赖，却依旧在大坂城中。淀殿的心思只在养育丰臣秀赖上，外界的一切显然已与她无关。

关原之战拉开序幕，德川家康向丰臣秀吉学习假道伐虢，借着攻打上杉氏的名头，与石田三成展开了决定天下命运的大战。7岁的丰臣秀赖，此时在大坂城

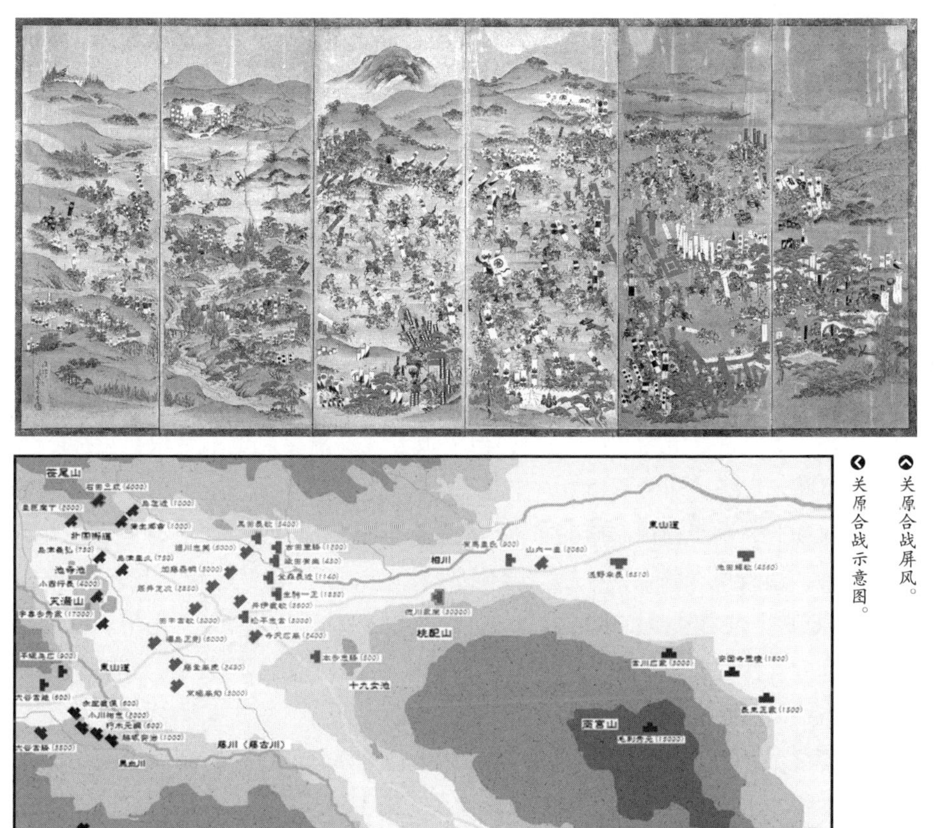

关原合战屏风。

关原合战示意图。

中过着无忧无虑的生活，在淀殿的关照下远离战火，这对母子并没有意识到天下局势正在改变，而丰臣家在这一役中，风华不再，如日西斜。

大坂危局：绝地反击还是螳臂当车？

在关原之战中，西军石田三成虽然打着支持丰臣秀赖的名号，打击德川家康，但一则德川家康并未明面上直接与丰臣家翻脸，另一则，即使德川家康出兵，也是攻打上杉景胜。因此在淀殿看来，这场战争打得有点多余，但因为石田三成也掌握重权，太阁刚刚去世不久，对于混乱的朝野，她无从插手，只能静观其变。

作战的对立面德川家康，除了联姻、封地等事上做得有点出格，却并未触及丰臣家的底线。况且，德川家康是太阁的妹夫，他的孙女是淀殿的儿媳妇，他的儿媳妇是淀殿的亲妹妹，他的儿子结成秀康是太阁的养子，德川家可以说是丰臣家最复杂紧密的姻亲，就算他犯了错，也是家族内部的矛盾。

关原之战中，西军中的主要力量，石田三成、毛利辉元、宇喜多秀家、小早川秀秋虽然都与丰臣家有很深的渊源，但毕竟不姓丰臣，淀殿担心如果西军取胜，小早川秀秋——这个太阁的另一个养子，曾经和丰臣秀次有着同样继承人地位的表兄，手握重兵，位高权重，将来也许会成为丰臣秀赖最大的威胁。

因此，被后人视为“丰臣家”与“德川家”最大的战争的关原之战，在淀殿看来，其实是太阁的宠臣与亲戚间的争斗。因此，即使石田三成看似忠心耿耿，为了太阁不惜与强大的德川家一战，但大坂方既不出兵，也不出粮，更加不出人。虽然并未言明，却两不相帮，作壁上观。

不仅如此，由于德川家康的布置，战役名义上是征讨上杉景胜，他号令天下大名支持，连天皇也站在他一边，赐他布匹，而丰臣秀赖更是赠了家康2万两黄金和2万石米。这自然是淀殿的意思，同时这也意味着这次出兵，德川家康是得到了大坂方支持的。原本属于丰臣家的北政所，虽身在西军阵营中，此时却明里暗里使与她亲近的尾张派，几乎都站在德川家康一边。

关原之战中，虽然石田三成看起来有几成胜算，但是，看到大坂的态度，很多原本归顺丰臣家的大名，都有点犹豫了。随着战争进一步深入，经过双方的摩擦和德川家康不断地鼓动，这些大名都看清了一个必然的趋势：丰臣家已经难以再翻身，德川家才是新的霸主。很多丰臣麾下的大名，其实都是经过丰臣秀吉

石田三成画像。

软硬兼施压服在看似统一的政权内，就连德川家康，也是通过联姻交换人质等方式，才暂时压制。德川家康内心并未真正臣服于这个草莽出身的领袖。

这种需要高明的平衡权术才能稳定的局势，即使是丰臣秀吉在世的时候，也偶尔捉襟见肘，甚至需要发动朝鲜战争，来平息很多大名和将领对于封赏不足的不满。以当时的局势，丰臣秀吉与其说是建立了一个开创万代的统一政权，不如说他仅仅是做了一个被形势所迫的诸大名的大头目。若真想建立集权，就必须用雷霆手段，致力于削弱所有有威胁的大名的力量，而不是把目光放在海外，以求壮大可能对自己形成威胁的大名。全部削弱这些归附自己的大名，使他们没有反击之力，就连丰臣秀吉自己都做不到。各路大名对他只是臣服，整个政权都只能算是个邦联，并非严格意义上的君臣关系，若丰臣秀吉任意对一个大名开战，其他的大名也会闻风而动，届时，丰臣秀吉恐无力招架。丰臣秀吉尚且如此，更何况他此时还不谙世事的儿子丰臣秀赖，以及一心保护养育丰臣秀赖的淀殿。所以，丰臣秀吉死后，天平必然倾斜。

大坂城方的摇摆不定终是加速了西军的灭亡。无论关原之战胜败，淀殿关心的只是丰臣秀赖的安危。曾有野史杜撰：石田三成希望大坂给予支持，请求丰臣秀赖能亲临战场，甚或是他本人不来，请出丰臣秀吉的金葫芦马标也好。但大坂方始终保持静默。这致命的静默，代表了丰臣家对效忠于它，为它誓死奋战的西军的态度，这一幕不仅使观望的大名们纷纷反水，也使本打算帮一把的大名们退后一步。

大坂城此时做决断的并不会是8岁的丰臣秀赖，而是她的母亲淀殿，以及给她建议的近臣们。在他们看来，丰臣秀吉完成了统一，并且曾经举国之兵打到海外，无论从实质上，还是从形式上，丰臣家都是日本合法的唯一统治者，丰臣秀赖都是丰臣家的合法继承人，谁也不能动摇。

不过，这种合法性并不能带给他们真正的保护，只要实力足够强大，谁都能拿到征伐天下的合法权，连农民出身的丰臣秀吉都可以做关白，更何况原本就是豪族出身的德川家康，他即使无法成为关白，也做了征夷大将军。于是，大坂丰臣家中，淀殿怀着这脆弱的合法性，坐视关原大战中石田三成败北。德川军取胜后，大坂的丰臣家已经降为一个普通大名，领地从220万石减为65万石，还不如拥有68万石领地的德川家康的庶子结成秀康。

淀殿和丰臣秀赖既没办法抗争，也没能力交涉。此时丰臣秀赖尚且年幼，关原一战，大坂丰臣家的直属兵力被消灭得很干净，淀殿与丰臣秀赖只能蜗居在大坂城。幸好这座城池坚固，以及丰臣秀吉还留下的丰厚的遗产，淀殿与丰臣秀赖才能够继续过着锦衣玉食的生活。在此时的淀殿心中，虽然德川家康一时强大，但丰臣秀赖终究是名义上合法的天下人的继承者。

可德川家康并不这么认为，作为当事人之一，他很清楚丰臣家衰败的原因：一则，对手下的大名控制不够牢固；二则，继承人一直没有合适的人选，虽然丰臣秀次做了一些荒唐事，但他毕竟作为接班人被培养多年，经历过战争，还做了几年关白，周围也有一些支持他的人。他虽然无法与丰臣秀吉相比，但也不是太差，既有相应的才干，又有一定的影响力，却被丰臣秀吉亲手扼杀。丰臣秀吉一旦去世，他所寄希望的孀妻弱子，基本只能任人摆布。德川家康的继承人德川秀忠虽然年长，但从关原之战中他中计未能及时到达战场来看，也是有待锤炼的。

此时经过一场大战，德川家康以及忠于他的大名们也都有不小的损耗，己方阵营尚未安稳。如果直接强行攻打大坂，很多有雄厚实力的大名，比如上杉景胜、伊达政宗、毛利辉元等等，说不定就会借着丰臣家的名号，趁火打劫，而德川家康自己也日渐衰老，说不定在哪次大战中就撒手人寰，德川秀忠目前还不够成熟，说不定就会重蹈丰臣家的覆辙。

在接下来的十多年里，德川家康将丰臣家原本的分封格局彻底打乱，以江户城为中心，安插亲藩和谱代，进行大规模的改易移封，很多丰臣家的亲信大名都被赶到了偏远地区，此举使丰臣家再无翻身之力。而此时大坂城内，淀殿为丰臣秀赖的成长费尽心力，将丰臣秀赖培养成了一位高贵、威风凛凛的英俊青年。

淀殿并不是没看到德川家康的布置，但德川家康始终以丰臣秀赖的监护人自居，并没有出兵攻打大坂，灭掉丰臣家的打算。而且德川家康不仅将丰臣秀赖册封为内大臣，还将自己的孙女阿千嫁给了丰臣秀赖。如此举动在淀殿看来，是德川家康对丰臣家还怀着善意，她甚至还会痴想着也许有一天丰臣秀赖长大了，德川家康就会将权力交还给他，毕竟丰臣秀赖也算是他的孙女婿。此外，大坂城的坚固也给了她信心，她坚信无论如何，在大坂城这个家中，她和丰臣秀赖是安全的。

而且战国的大名大都短寿：武田信玄死于52岁，织田信长死于48岁，上杉谦信死于49岁，北条氏康死于52岁，丰臣秀吉算是个例外，但也只活到61岁。德川家康在关原大战的时候，就已经57岁了，淀殿估计他只能再活几年，而丰臣秀赖却是正值少年，越来越强壮，可以在德川家康老死后，再召集丰臣家的势力，东山再起。

丰臣秀赖遗传了他外祖父浅井长政的一些风貌，但毕竟只是个长在深闺里的贵族青年，视角狭窄，只会一些小聪明，小权术，没处理过政事，更没有上过战场，甚至于连跟任何一个大名都没有进行过政治上的交锋。如此浅薄，怎能与德川家康相较量。

这样的人却偏偏有着一个“未来天下人”的头衔和使命。在大坂城内，除了他的母亲，他就是最权威的人物，除了年幼丧父，他20多年的生活，基本上可以说是顺风顺水。再加上其母淀殿一直对他灌输即使德川家康再强大，天下也是丰臣秀吉的观点。最终导致丰臣秀赖轻狂无知，走向毁灭。

到了1605年，家康觉得德川秀忠已经成熟，遂将征夷大将军之位传给了德川秀忠，德川家康邀请丰臣秀赖上京，祝贺德川秀忠就任他此举意在试探淀殿的态度。此时的家康，其实并未将大坂放在眼里，虽然依旧是个威胁，可是大坂无论从兵力还是号召力，都不如往昔了。淀殿对北政所是心存芥蒂的，她明白在关原之战中，尾张派将领归顺德川家康在很大程度上是经过北政所授意或者默许的。她不愿也不敢让丰臣秀赖上京，首先，她怕丰臣秀赖被暗杀，毕竟丰臣家只剩这一根独苗了。另外，如果丰臣秀赖上京，则说明丰臣家已经臣服于德川家，这都是淀殿无论如何都不能容忍的。

对于德川家康的邀请，淀殿的回复是：如果逼着丰臣秀赖上京，她就会先杀了丰臣秀赖再自杀。北政所对她这顽固不灵的举动表示十分气愤。丰臣家此时的地位，已经今非昔比，臣服德川家才是识时务。况且德川家康是个有原则的人，凡事以大局为重，将自己的名誉看得很重，他不会无缘无故就杀掉一个没有反抗之心的孩子，更何况还是他的孙女婿，并且还有北政所作为担保人。如果淀殿不让丰臣秀赖上京，反而更容易惹怒家康，埋下祸患。

丰臣秀赖画像。

淀殿却不会顾虑这些，她既信不过北政所，也信不过家康，终究还是没有让丰臣秀赖上京。德川家康此时已经将天下布置停当，只是对大坂这样一座坚城和城内丰臣家的后人还有所顾虑，他并不是个赶尽杀绝的人，就如石田三成死后，德川家康也并没有杀他的儿子。如果淀殿母子能够臣服，那么就让丰臣秀赖继续当个安乐的大坂城主也没什么威胁。但淀殿的拒绝，让德川家康心生毁灭之心：他担心淀殿母子在积蓄力量等待东山再起，于是决定尽早解决这个隐患。

对于淀殿的拒绝，德川家康表面上并没有表露不满。大坂之所以纳入考虑范围，一则是城池坚固；二则是因为丰臣秀吉南征北战苦心经营，积累了大批财富，这些金银珠宝和物资富可敌国，足以支撑一场旷日持久的战争。德川家康觊觎已久，但又不敢明目张胆去抢。于是，他让人建议淀殿多建寺庙，为国祈福，让神佛来保佑丰臣家。淀殿作为一个深闺妇人，极其相信宿命，对这些事也是深信不疑，于是听从了建议开始大肆建造寺院。神佛的居所是一个神圣的地方，因此建造的材料都需选用上乘。于是丰臣秀吉积累下来，作为未来可能用到的军需、以保护丰臣秀赖母子的巨额财富，就这样很快耗费一空。

不过即使淀殿极力反对，1611年3月，丰臣秀赖依旧到二条城去觐见家康了。淀殿看不明白形势，她身边的近臣们却看得通透，这次如果再不去觐见，那么已经有了征夷大将军之位，并且开设幕府的德川家康，就有理由诬陷丰臣秀赖谋反，进而出兵讨伐。丰臣秀赖此时已经17岁了，他虽然不明白此次拒绝德川家康的后果，但是，他一直想看看这个让母亲烦恼，让大家急得团团转的德川家康，究竟是一个什么样的人物。

二条城会面，其实是德川家康在探虚实。丰臣秀赖此时已经是青葱少年，朝气蓬勃，体质健硕，器宇不凡。特别是有一股锐气，让已经老迈的德川家康看得格外刺眼。淀殿的不服从与丰臣秀赖的日渐优秀，都让家康觉得是时候毁灭这丰臣家最后的希望了。1611年，加藤清正也去世了。关原大战后，他追悔莫及，明白自己被利用了，他的心依旧是向着丰臣家的，但德川家康却将他远远支走。他死后，德川家康松了一口气，能够号召丰臣家其他大名再度聚集大坂的一个最大的威胁不在了，预示着可以动手了。

对于做事讲究原则的德川家康来说，无故出兵是欠缺道义的。因此他巧妙安排，借口新建的方广寺大钟铭文中，“国家安康”和“君臣丰乐”是一种诅咒，将其解释为“丰臣家君臣同乐地看德川家康身首异处”，德川家指责丰臣家有不臣之心，要求丰臣秀赖到江户任职，以便监视，而淀殿也要作为人质，并且丰臣家要搬出大坂城。

这是一招连环计。一方面大坂城中的淀殿猝不及防，她根本没有意识到这是德川家康设的圈套，还先后派了片桐且元和大藏卿去议和，但两个使者带回来的议和条件完全不同。片桐且元带回来的是真实的和谈条件；大藏卿却带回了假消息：德川家康对丰臣秀赖是善意的，一切只是误会，解释清楚就没事了，且德川家康也并没有提什么不合理的要求。而片桐且元带回来的3个条件，却让淀殿大怒，她甚至会错了意，以为家康让她去江户，是要她做侧室。片桐且元不仅在德川家受到冷遇，回来后淀殿还怀疑他与德川家康勾结，准备处置他。心灰意冷的片桐且元被家康借刀杀人的反间计害得连夜逃亡。

家康的整套计划还在继续，倘若淀殿不接受谈判条件，那么这就是开战的理由。大坂城中，淀殿依旧和大藏卿在纠结是否向德川家康解释铭文的事，然而在德川家康大军压境，兵临城下的时候，这个想法也破灭了。淀殿此时才恍然明白，原来德川家康是蓄谋已久。这一战，不可避免。

在大坂城，淀殿以丰臣家的名义，向各路大名发出信号，要求他们出兵支持大坂。然而，由于家康多年的经营，旧日忠于丰臣家的大名早已大半陨落，而仅剩的一些，有的到了第二代，对丰臣家的归属感也十分弱了，他们更加注重自保。再加上淀殿对片桐且元的猜疑及不当处置，使一些原本同情丰臣家的大名，也都纷纷离心。因此，竟没有一个地方大名响应号召。

真可谓“夫人死百将临门，将军死一人不至”。

方广寺大钟铭文。

淀殿百般努力，也只是募集了一些浪人和之前关原之战中没落的大名后人及下级将领，仅仅几万人，仓促迎战德川大军。

结局：玉碎花消，战国终结

任何时候，建立在利益之上的主从关系都不会牢固。德川家与大坂关系恶化，上升为战争级别时，原本受丰臣家恩惠的各个大名，此时要么已经投靠德川家康，要么没落无力，无法再支持丰臣家。但大多数的，是明哲保身，不想卷入这场明知结果的血雨腥风之中。因而，1614年11月，大坂之战前，淀殿虽然情愿将积蓄的金银都拿出来，却只招募到一些浪人，并没有很有实力的大名前来助战。前来投奔的将领们，也大都是关原之战中战败后被德川家康处罚的。真田信繁，也就是后来大名鼎鼎的真田幸村，从被流放和监禁的九度山潜行而至；长宗我部盛亲和毛利辉元胜永被没收领地，遭到监视，此时是偷跑出来的；明石全登在宇喜多秀家被捕后四处流浪，此时也出现在大坂城内。

这些没钱没权的将领与德川家康素有恩怨，因此，投靠大坂城的他们，打着忠于丰臣家的旗号，希望恢复家族往日的荣耀，重新获得领地，光耀门楣。他们的到来，也为大坂带来了新的希望，于是很多流浪武士像是在溺水中找到了一根救命稻草，向大坂集结，短时间内就有了5万兵力。

淀殿最初是不太看好这些在关原之战中败北的武将们，她更希望能来的是统率一方的大名。淀殿所发出的求助信息，没有得到任何有力大名的助力，岛津义弘甚至说："丰臣秀吉之恩，早在关原合战时就已还清，现在要还的乃是德川家康之恩。"淀殿见识到了这些大名的忘恩负义，知道他们现在虽有领地，却只知自保，也是无可奈何。

手下无兵无将，大坂方本不想与德川家一战，淀殿虽然之前看不明白局势，但现在双方的阵容对比是一目了然的，她很清楚己方根本无力抗衡德川家康，只是事到临头，也许还侥幸有取胜的希望，打一次胜仗后，也许会有大名念及丰臣家的旧恩，觉得丰臣家还有打败德川家的希望，从而率兵前来助阵。

同时，淀殿对大坂的坚固程度比对那些仓促聚集而来的浪人将领更信赖。这点信任，既基于丰臣秀吉在世时给她的信心，弱小的丰臣秀吉是十分没有安全感的，因此他善于建城，曾经有"一夜建墨俣"的传说，连丰臣秀吉都说这座城池坚固无比，那还有什么可怀疑的；此外，由于数十年来，德川家康并没有出兵大坂城，想必这座城池是连他都不敢轻举妄动的。大坂城也确实宏伟坚固，不仅仅

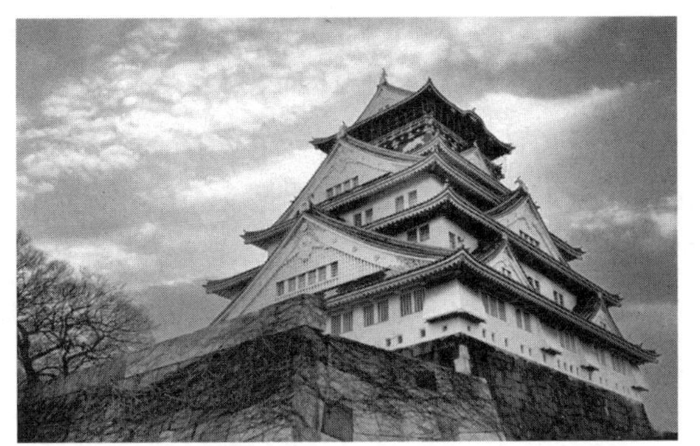
大坂城。

是淀殿，连响应号召前来的几位将领，都以这座城池为主防阵地，一切策略都围绕它进行。

真田信繁等人在大坂城的基础上，倾力打造了真田丸，以弥补大坂城南面不如其他三面的弱点。这个前哨基地将大坂城的弱点变成了优势，大坂城驻军进可攻退可守， 在几位将领的精心谋划和浪人武士军队的浴血奋战下，大坂方赢得了几次小的胜利，顿时军心振奋。

而德川军原本兵临大坂城，只是想速战速决。三河军不耐寒冷，军粮也并没有备下太多，本以为经过10年的消耗，大坂的丰臣家已经再也无法聚集起反抗之力了，城内的孤儿寡母和那些文臣们一恐慌，就会出城投降，这场战争，德川家康本意是不战而胜。但从现在的形势看来，大坂城居然聚集了一些出色的将领，而且还似乎很团结，军心振奋，一时势不可挡。

军心、士气在一场战争中的作用是巨大的，军心振奋，则军队可以所向披靡。况且，守城比攻城更容易，前有真田家曾在上田仅用2千多人拖住德川家4万大军的例子。真田信繁是有守城经验，守的又是天下第一坚城大坂，而且还有后藤基次、长宗我部盛亲、明石全登等优秀将领，无论从军心上还是实力上，对德川军来说，大坂都不容易撼动。

德川家康身材魁梧，却不似莽夫。倘若他一直坚持死守大坂，耗费七八年，丰臣家肯定会投降，但如此愚蠢的方法，他是不会用的。德川家康此时已经80多岁了，而大坂城内的淀殿和丰臣秀赖还年轻。且德川家康麾下的诸侯们也并不齐心，有的唯利是图，有的见风使舵，无论从精力上还是从军队士气上，德川家康都不一定消耗得起。倘若德川家康在此战中死去，那么天下局势又会大变。但现在又不能撤军，简直进退两难。

因此，德川家康开始迂回，寻找曲线破城之路。据说丰臣秀吉在世时曾和各个大名们开玩笑，让他们找到攻破大坂城的办法，但众人都没有办法。最终，丰臣秀吉自己说出了解决方法:填平护城的壕沟。但丰臣家怎么会容许德川军去填平壕沟？德川家康深知此不易，遂想用计让淀殿母子自己将壕沟填平。

此时的淀殿正因为大坂城的取胜而欣喜。看到如此霸道的德川家康吃了败仗，她自信地以为也许丰臣秀赖可以借此一战扬名天下，进而获得诸位大名的支持，打败德川家，执掌天下霸权。然而，她还没高兴多久，德川家康的谋略战就开始了。

对于固守的坚城，“敌驻我扰”的方针才是正确的。而要扰的，正是最惜命的淀殿母子。德川家康从反水的片桐且元处，得到了大坂城内的布局方位，利用从欧洲引进的大炮，向大坂城内发射炮弹，专打天守阁，因为淀殿和丰臣秀赖在这里。这大炮其实只是个摆设，因为数量不多，而且也没有那么多的弹药，真正打仗并不能作为战斗力。发射的炮弹也只是实心的铁蛋，即使如此，这些铁蛋的落下，也改变了历史轨迹。

一枚炮弹正中淀殿的茶室，淀殿此时正与几名侍女饮茶。铁蛋呼啸而至，洞穿屋顶，落在茶几上，将茶几砸个粉碎；也有说法是砸死了淀殿的一名侍女。无论如何，这是自以为安全的淀殿所始料未及的，她被吓得魂不附体，如果这枚炮弹再偏点，她将会被砸成肉泥，甚或是落在丰臣秀赖处，后果不堪设想。

在淀殿心神未定、不知所措的时候，德川家康趁热打铁，让人送来了议和条件。这次淀殿派去参与议和的是她的妹妹，曾经京极高次的夫人阿初，此时称为常高院，已经出家了。德川家出席的，则是亲信本多正纯和阿茶局，这两个都是政治老手，本多正纯有丰富的谈判经验，阿茶局也是干练的女中强者，已经出家多年的常高院根本无法识别谈判中的陷阱，而德川家康又特意将谈判地点设在京极忠高的营地。

京极忠高是阿初养女的丈夫，而京极氏原本是阿初的夫家。这次谈判，在常年不染政治的阿初看来，更像是个亲戚聚会，毫无戒心，对议和条件全盘接收。淀殿对谁都不信，只是这个妹妹已经出家，无欲无求，她相信阿初不会欺骗自己，因此，对于和谈的结果也并无怀疑和不满。

议和条件对淀殿来说，并不苛刻，只是要求大坂填平二之丸和三之丸的壕沟；并要一些武将去作人质，不过不会处罚他们，但是要处罚大野治长和织田有乐斋。在淀殿看来：既没要求自己作人质，也没对丰臣秀赖做处罚，还不逼他们搬出大坂城，只要城在，而且战争结束，护城壕沟在不在也无所谓；而那些将领和大臣，如果没有战争，对于大坂来说，原本就可有可无。

攻破大坂城最核心的壕沟问题，就这样解决了，德川军以迅雷不及掩耳之势，不仅很快填平了壕沟，还顺带把城墙给拆了。防守坚固的大坂城，如今成了一座裸城，无城可依，无险可守。淀殿这才发现，自己上了德川家康的当。德川家康议和分明是醉翁之意不在酒，他根本就不想给她们母子一条生路，解除大坂城的武装后，丰臣秀赖只能任人宰割。

此时这位大坂城的最高指挥官淀殿，担忧的依旧是丰臣秀赖的安危。之前不顾众议进行和谈，并且接受了德川家康的要求，填平了大坂城的壕沟，使城内的武将十分不满。淀殿身边值得信赖的文臣与侍女们，此时却没有任何主意。由于城墙的拆除，大坂城内混入了大量德川军的奸细，也在鼓动着守护大坂城的一些将领，对他们进行策反。

城中的淀殿此刻焦煎无宁，她再也无法相信德川家康。不过，如果此时出城，放低姿态哀求，或者托自己的妹妹——德川秀忠的夫人浅井江说情，或许她有机会苟活下来。但在大坂夏之阵后，德川家康十有八九不会放过丰臣秀赖，他是德川家康平定天下最大的障碍。她浅井茶茶是浅井长政和阿市的女儿，织田信长的外甥女，丰臣秀吉的夫人，大坂城此时的守护者，她高贵的血统也不容许她低头乞怜，更加不想拿丰臣秀赖的生命去冒险。于是，淀殿决定放手一搏。

由于大坂城内出现奸细，淀殿无法完全信任浪人将领们，即使此时大坂城聚集了一定的兵力，但淀殿并不敢将用兵大权交给任何一个将领，而是对他们进行分权制衡，每个人划分一部分权力，这样不至于在某个将领叛变后，无力回天。而经过冬之阵，大坂的将领们积极性也受挫，之前的干劲儿没了，取而代之的是无可奈何与不被信任的怨念。

在这样一种不利于安定团结的心态下守城，就算是原本没有拆除城防的大

大河剧《真田丸》中的大野治长。

坂，也无法长久守护。而大坂城此时，即使没有德川家康，换任何一个其他的大名来攻打，恐怕也很难守住。

在这种状态下的战斗，不会太持久。大坂城的将领们抱着最后一丝希望，即使淀殿不通事理，他们对丰臣秀赖始终还是有所期待的。这个23岁的青年，此时已经是两个孩子的父亲，在战争年代，他的舅公织田信长23岁的时候，已经在家族内斗中取胜，主宰了织田家；他的外公浅井长政在23岁已是浅井家的家督，在战国乱世中守护家族；他的父亲丰臣秀吉在23岁的时候，在桶狭间战役中立下战功，取得了织田信长的信任，从此开始了晋升之路。

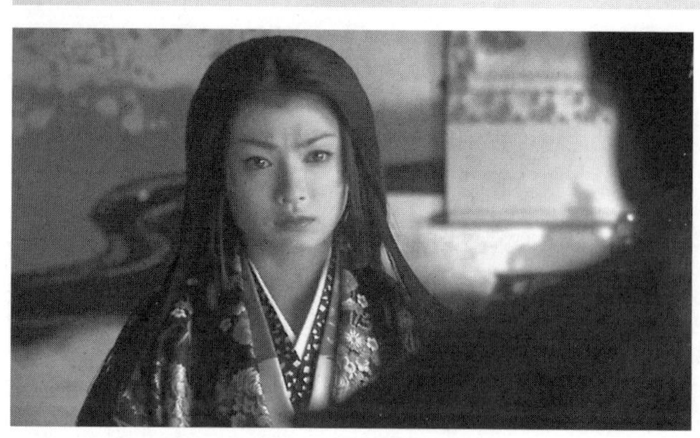

大坂夏之战模型。

大河剧《天地人》中的茶茶，深田恭子饰。

丰臣秀赖如果在大坂城这次没有胜算的战役中取胜，说不定还有最后的机会。这也是这些浪人将领们最后的希望。但是，由于力量分散，组织不灵，即使众将领兵背水一战，也只是白白牺牲，而他们寄予厚望的这个23岁的主公，很听淀殿的话，足不出户，始终未能在战场上露一次面。

在德川军组织严密、军纪整肃且兵力占据绝对优势的情况下，大坂军队士气逐渐衰落，很多将领逐渐心灰意冷。虽然传说真田信繁曾带着赤备冲击德川家康本阵，甚或有的野史中认为德川家康已经被他杀死，后来活着的只是替身，不过这也只是猜测。

在大坂夏之阵中，大坂城的军事力量被消灭，德川军冲入大坂城。此时的淀殿知道，按照惯例，守城一方战败的将领，要切腹自尽，这才是武士最壮烈最值得称道的归宿。但是，她依旧不死心，她在几次城破之时，都被保护着活了下来，因为她是阿市的女儿，织田信长家的人，那么这次也可能会侥幸。

淀殿让人将德川家康的亲孙女阿千归还给德川家康，希望德川家康可以看在阿千的面子上，换得她和丰臣秀赖的命。但德川家康并不为所动，他并不是丰臣秀吉，对织田信长始终怀着一种近乎崇拜的感恩之情，他能够亲手杀死自己的妻子和儿子，更何况是一个孙女婿。他拒绝了淀殿的要求。无关紧要的人可以放过，但丰臣家的后代，不能留下作为隐患。

在天守阁的一个小仓库中，淀殿点燃烈火，以一种决绝的心情，看着丰臣秀赖剖腹自杀，她自己也挥刀自戮，与她的父母一样，死在熊熊烈火之中。德川家康不仅没有放过淀殿和丰臣秀赖，连丰臣秀赖的小儿子国松也杀死，永绝后患。至此，丰臣家只剩一个7岁的女孩，在东庆寺出家为尼，丰臣家族的直系血脉自此断绝。

大坂之战是丰臣家与德川家的最后一战，也是日本战国史上的最后一战，此后，日本就进入了漫长的德川幕府统治时期。大坂之战结束后的第二年，德川家康就撒手人寰了。有人认为，如果淀殿不同意议和，使大坂城再坚持一年，也许形势可以逆转。但是，84岁高龄的德川家康之所以留着一口气不肯咽下，就是为了拿下大坂城这能使天下动荡的祸端。即使他在此时去世，也必然不会像丰臣家一样一片混乱，而会按部就班地安排德川秀忠，攻下大坂。

从全局看，淀殿母子的败北也是迟早的事，真田信繁之所以得到后世无数的赞誉，一则是因为反对幕府者的过誉，二则也是因为他有勇气以微弱的兵力对抗倾国之兵的德川家康，并取得了局部的胜利，堪称奇迹。天下一定，大坂城的丰臣家，即使曾经锦绣绚烂，但经营不善，终于在淀殿的治理下，荼蘼花事了无痕，丰臣家的夕阳过后，新一代幕府的朝阳便冉冉升起。

《日本·军鉴》丛书

《日本·军鉴001：萨长政权》萨长时代的日本不是一个“好日本”，也不是一个“坏日本”，它是一个极端纷繁复杂、又充满无数历史趣味的日本。

《日本·军鉴002：革新》那一段段其时铁血纵横、朝堂惊变之历史，塑造了今日国家、社会的价值体系，深刻影响到我们每一个人看似普通的每一天。

《日本·军鉴003：真田丸》历史往往如此有趣，以战国时代中的一个家族为管窥渠道，也能如万花筒般扩散出千变万化的姿态。

《日本·军鉴004：从瓜岛到冲绳的溃灭之路》这是一条日军的溃灭之路，一段日军从太平洋战争前期的磨刀霍霍到最终穷途末路、倒行逆施的心路历程。

《日本·军鉴005：百年日俄博弈》从“北寇八年”到冷战对峙，日本与北方邻居俄罗斯针锋相对的战争或对抗持续了两个多世纪，两国的恩怨情仇可谓是“大有渊源”。

《日本·军鉴006：亲访关东看风云》行走于近代日本的心脏地带，品鉴不同时代风貌下的历史遗迹，感受东瀛独特的文化氛围，回首那年风云故事。

《日本·军鉴007：关原之战》作为日本历史上最大的野战，继丰臣政权崩溃后决定天下的一战——关原之战注定被载入史册。但历史地位如此重要的一战，为何仅历时6个小时？东西军实力悬殊，但为何最终德川家康以少胜多？丰臣遗孤尚在，却为何始终袖手旁观？

指文® 海洋文库

英国知名历史学家、战略学家朱利安·S. 科贝特爵士的作品

以全新的视角研究了日俄海战参战舰队及海上作战涉及的联合作战问题

补齐了本书再版时未能纳入的作战示意图

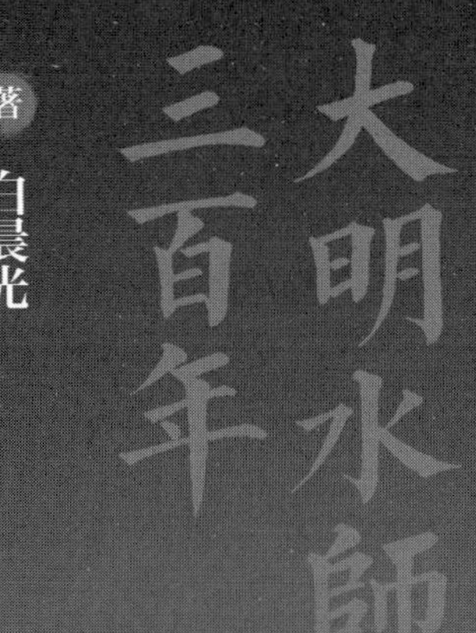

白晨光 著

水战立国，七下西洋，
驱逐倭寇，
大败荷、葡，
援朝抗日，收复台湾
未尝败绩、威震海外的
大明水师风云录

指文 战争事典 特辑 033
大明水師三百年
白晨光 著
台海出版社
大明水師 三百年
水战立国，七下西洋，驱逐倭寇，
大败荷、葡，援朝抗日，收复台湾
未尝败绩、威震海外的大明水师风云录
白晨光 著
台海出版社